CLAUDIO WILLER

SURREA-LISMO NO BRASIL

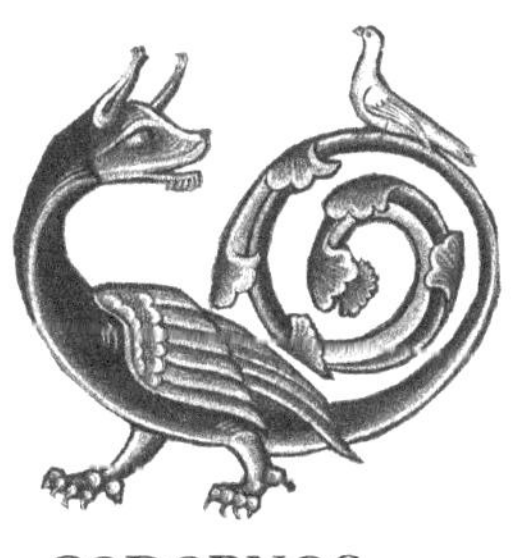

CADERNOS
ULTRAMARES

ORGANIZAÇÃO E PROJETO GRÁFICO

Marcos Lacerda, Ana Paula Simonaci e Sergio Cohn

CONSELHO EDITORIAL

André Botelho

Bernardo Esteves

Boaventura de Souza Santos

Evelyn Goyannes Dill Orrico

Fréderic Vanderberghe

José Luis Garcia

Maria João Cantinho

Renato Rezende

Teresa Arijón

Vagner Amaro

ISBN 9786586962727

azougue press |
coordenação geral Sergio Cohn
coordenação editorial
Sergio Cohn — Darien Lamen — Cristián Jiménez Plaza
Brasil | CNPJ 12.272.339/0001-26
Portugal | Oca Editorial NF 515805394
USA | E. Id. 803650511
Chile | Tucán Ediciones RUT 77.369.106-1

A proposta dos Cadernos Ultramares é transpor fronteiras. Não apenas geográficas, com a edição de um amplo panorama do pensamento brasileiro para o público português, mas também entre as áreas do saber, criando uma coleção transdisciplinar, acessível não apenas para leitores especializado, pesquisadores e acadêmicos, como para interessados em geral.

Para isto, os Cadernos Ultramares privilegiam a leveza do ensaio, a "brigada ligeira", utilizando-se de um gênero marcado pela abertura e experimentação, uma forma privilegiada para a proposição e a apresentação de interpretações da cultura e da sociedade. Nos últimos anos, o gênero ensaio tem sido revalorizado como um importante meio de diálogo entre a pesquisa acadêmica e a sociedade.

O Brasil possui uma produção riquíssima de pensamento em diversas áreas, que vão da física à antropologia, da matemática às artes. Os Cadernos Ultramares, ao trazerem importantes textos de alguns dos nossos mais renomados pensadores, sejam clássicos ou contemporâneos, busca possibilitar ao leitor um olhar amplo e qualificado sobre essa produção.

Interessa nos a constituição de um diálogo entre áreas, de uma conversa aberta que escape das armadilhas do pensamento especializado e do produtivismo acadêmico. Interessa, antes de tudo, a valorização do encontro do leitor com o sabor do texto, do prazer da leitura e da troca livre de pensamento.

apresentação

POR SERGIO COHN

Poeta, tradutor e ensaísta, Claudio Willer (1940) possui uma obra extensa e coerente, que durante as últimas seis décadas soube se utilizar de grande erudição para refletir e atuar em diversas formas da rebelião artística e social. Pesquisador profundo, é autor de uma bibliografia essencial sobre temas como surrealismo, geração beat, gnose e anarquismo místico, sempre permeada por uma consistente atitude provocadora.

Willer tem constituído, desde a década de 1960, uma obra poética singular no Brasil, através dos livros *Anotações para um apocalipse* (1964), *Dias circulares* (1976), *Jardins da provocação* (1981), *Estranhas experiências* (2004) e *A verdadeira história do século XX* (2015). Ao lado de sua poesia de forte impregnação imagética e delirante, apresenta um pensamento propositivo e inquieto. Não por acaso, os seus três primeiros livros trazem longos manifestos que acompanham os poemas. Nestes, vida e obra se confundem, num chamado a uma "liberdade livre".

Em soma, Willer tem realizado um consistente trabalho de tradutor e ensaísta, mergulhando em obras de autores fundamentais como Antonin Artaud, Lautréamont e Allen Ginsberg. As suas traduções informadas e cuidadosas aproximaram gerações de poetas e leitores à obra desses autores.

Mas sua atuação não se restringe a isso. Figura plural, Willer teve importante papel como gestor cultural. Em 1996, trabalhando em parceria com o secretário de cultura Rodolfo Konder, criou o ciclo Poesia 96, que recebeu em São Paulo em torno de uma centena de poetas para falas e leituras públicas. É, provavelmente, o mais consistente e amplo projeto de poesia já realizado por um governo no Brasil, uma história que merece o devido resgate.

O seu livro *Um obscuro encanto — gnose, gnosticismo e poesia moderna* (2010) é um extenso tratado sobre a relação entre literatura e misticismo, visto a partir de um viés libertário. É também a demonstração de sua capacidade de lidar com temas que se mantém à margem, deslocando-os e superando preconceitos do pensamento acadêmico vigente.

Os dois textos reproduzidos nesta edição dos Cadernos Ultramares, "Surrealismo no Brasil" e "Os poetas malditos", são exemplo do trabalho interventivo de Willer, na busca de ampliar a cartografia da nossa cultura, resgatando movimentos dos seus sequestros históricos e trazendo à luz questões essenciais para o entendimento da nossa história cultural.

Sobre "Surrealismo no Brasil", Willer escreve: "Este artigo é um verdadeiro *work in progress*; um ensaio móvel. Resultado de uma série de atualizações, inicialmente, de um artigo publicado nas revista *Cult*, por volta de 2001, subsequentemente em *Agulha*, no meio digital, para ser atualizado e publicado em *A Ideia — revista de cultura libertária*, n. 71-72, novembro de 2013 (em Évora, Portugal) e no portal digital *Cronópios*, para, com nova ampliação, voltar a sair em *Agulha*".

O segundo ensaio, "Os poetas malditos", foi publicado originalmente na revista *Eutomia*, em 2013. Em ambos os textos, Willer mostra a sua verve: pontua extensos levantamentos históricos, extremamente informativos, com reflexões sempre pertinentes e muitas vezes inovadoras. São ensaios de importância central para a compreensão de elementos ainda pouco conhecidos da nossa cultura, escritos com clareza — e encanto.

SURREALISMO NO BRASIL
CRÍTICA E CRIAÇÃO

1. A CRÍTICA

Em 1985, o crítico e poeta José Paulo Paes declarou: "Do surrealismo literário no Brasil quase se poderia dizer o mesmo que da batalha de Itararé: não houve"[1]. Isso, no ensaio "O surrealismo na literatura brasileira" da coletânea *Gregos e Baianos*[2], onde comentava escritores que podiam ser associados a esse movimento: o narrador Adelino Magalhães (1887-1963), catalogado como impressionista e que, cronologicamente, seria precursor; Prudente de Morais Neto (1895-1961), jornalista que, assinando como Pedro Dantas, dirigiu a revista modernista *Estética* com o historiador Sergio Buarque de Holanda; e o poeta baiano Sosígenes Cos-

1 Confronto entre insurgentes e tropas governistas durante a revolução de 1930, na localidade de Itararé, fronteira de São Paulo e Paraná, que não ocorreu — governistas desistiram do combate e abriram caminho para os liderados por Getulio Vargas.
2 Editora Brasiliense, São Paulo, 1985.

ta (1901-1968), para cujo resgate deu uma contribuição decisiva. A propósito de surrealismo em Prudente de Morais Neto e Sergio Buarque de Holanda, cabe indagar se não foi criado um mito, endossado não só por Paes como também, entre outros, por Valentim Facioli e Sergio Lima. O exame da revista *Estética* mostra seus dois editores interessados, em primeira instância, em James Joyce e T. S. Eliot, com Prudente de Morais Neto chegando a declarar que a escrita automática seria moda passageira.

Paes voltaria ao assunto em 1998, ao resenhar a coletânea de entrevistas *Escritura Conquistada* de Floriano Martins[3] no *Jornal da Tarde*, utilizando a expressão "tardosurrealismo". Sua morte, logo a seguir, impossibilitou uma discussão que só poderia ser produtiva.

Em "O surrealismo na literatura brasileira", o crítico, poeta e tradutor mostrou a convergência de julgamentos por figuras de primeiro plano da crítica brasileira como Antonio Candido e Silviano Santiago. O artigo "Surrealismo no Brasil" de Antonio Candido[4] invocado por Paes, trata de *O Agressor*, romance de Rosário Fusco (1910-1977) publicado em 1943. "Sur-

3 Editora Letras e Artes, Fortaleza, 1996.
4 Republicado em *Brigada Ligeira e outros escritos*, São Paulo: Editora Unesp, 1992.

realismo no Brasil" está na sequência, nesse livro, do que escreveu sobre a estreia literária de Clarice Lispector naquele ano, com *Perto do coração selvagem*. É como se fossem dois críticos, adotando paradigmas opostos. Clarice é, para Candido, ruptura com "um certo conformismo estilístico" que afetaria a narrativa realista: fez, portanto, revisão crítica da corrente então dominante. Já *O Agressor* de Fusco ensejou reparos a uma "tendência irracionalista" reduzida à "crise desse espírito, desintegrado pelo individualismo burguês e, em seguida, pela crise do capitalismo". Interessaria como "ilustração desta crise". Isso poderia ser assinado por um defensor do realismo socialista: é como se o Lukács mais dogmático de *O assalto à razão* houvesse baixado, momentaneamente, em nosso grande crítico literário.

A propósito de correntes dominantes na crítica brasileira e sua convergência na rejeição do surrealismo, há também uma recusa formalista. É bem representada por Haroldo de Campos em *Teoria da Poesia Concreta — Textos críticos e manifestos*:

Evidentemente, a poesia concreta repudia o irracionalismo surrealista, o automatismo psíquico, o caos poético individualista e indisciplinado [...] O poema concreto não se

nutre nos limbos amorfos do inconsciente,
nem lhe é lícita essa patinação descontrolada
por pistas oníricas de palavras ligadas ao sub-
jetivismo arbitrário e inconsequente.[5]

Subsequentemente, a adoção da semiótica, semio-
logia e outros formalismos pela crítica viria acompanhada de novos questionamentos do surrealismo. Por
exemplo, em *A falência da crítica* de Leyla Perrone-
-Moisés[6], sobre Lautréamont. Acompanhavam seus
mestres. Mas na França o surrealismo teve um impacto enorme, levando autores a estabelecer limites
para não serem confundidos — como na época em
que Philippe Sollers e seus companheiros da Tel Quel,
então maoístas de revolução cultural, rejeitavam o
surrealismo como burguês. Ou Michel Foucault, que
no admirável *As palavras e as coisas* frisava que o entusiasmo pelo pensamento analógico em sua arqueologia do conhecimento não era surrealismo.

Precedem tais críticas ao surrealismo sua recusa
pelo modernismo brasileiro. Especialmente, por seu
principal pensador, Mário de Andrade. Valem como
manifestos modernistas o "Prefácio Interessantíssi-

5 São Paulo: Livraria Duas Cidades, 1975.
6 São Paulo: Editora Perspectiva, 1974.

mo" de *Paulicéia desvairada*, seu livro de 1922, e *A Escrava que não é Isaura*, de 1925. Neles, alertava contra os "perigos formidáveis da substituição da ordem intelectual pela ordem subconsciente". Proclamava, enfático: "Mas, oh bem-pensantes! É coisa evidente: NÃO SOMOS LOUCOS..." Chamava de "erro perigosíssimo o modo como avulta na poesia modernista a associação de imagens". Rejeitava, liminarmente, o que, na época, ia sendo adotado como fundamento por Breton, Aragon, Éluard ou Max Ernst. O tom de prédica ao apontar "erros" e "perigos" mostra, em pleno calor da Semana de 1922, o programa de um modernismo bem-comportado. Ademais, Mário, Oswald e seus companheiros daquela Semana de 22 desconheceram antecessores, como os poetas mais inventivos que constituem a marginalia do Simbolismo; e Sousândrade, que no século anterior realizara tanta coisa que o modernismo iria propor.

Mais tarde, Mário faria melhor — especialmente em *Macunaíma*, de 1928. Mas o empreendimento de 22 fixou-se no confronto entre formas abertas e o parnasianismo dominante, de modo diverso do surrealismo, que deu importância ao que Breton denominou "correia de transmissão" com o simbolismo. E, também, diverso do que sucedeu em literaturas hispano-americanas, em que vanguardistas vieram à tona em relação direta de continuidade com o simbolismo. E nas quais o surrealismo esteve intensamente presente, através de movimentos, publicações e poetas extraordinários.

Os dois poetas brasileiros do século 20 de maior influência, até hoje, são Carlos Drummond de Andrade e João Cabral de Melo Neto. Drummond rejeitava o surrealismo, embora tivesse escrito, em momentos de distração, ótimos poemas de associações livres. Cabral, estreando com uma bela poesia de imagens, mostrando o leitor de Murilo Mendes, logo passou a defender um cartesianismo poético: "A emoção não cria", dizia. Sua poética voltada para a mensagem foi adotada por gerações subsequentes.

Revisões desse tipo de julgamento negativo demorariam a vir. Uma delas é a coletânea *Surrealismo e novo mundo*, organizada por Robert Ponge[7]. Nela, Valentim Facioli, que organizou *Breton-Trotski: por uma arte revolucionária independente*[8], observa, no ensaio "Modernismo, vanguardas e surrealismo no Brasil", a "perversão, apagamento da memória, soterramento, verdadeiro exílio das culturas dos dominados e das obras libertárias", a propósito de marginalização

7 Editora da Universidade Federal do Rio Grande do Sul, 1999.
8 Editora Paz e Terra, 1985.

de manifestações surrealistas. Associa-a ao nacionalismo anti-cosmopolita, a serviço da "modernização conservadora e seletiva, constituídas por um moderno atrasado ou um atraso modernizado" no regime do Estado Novo conduzido por Getúlio Vargas[9]. Integralismo (de inspiração fascista) e comunismo, facções opostas combatidas por Vargas, também seriam componentes dessa configuração nacionalista-retrógrada.

Sérgio Lima, autor de *A Aventura Surrealista*[10], em "Surrealismo no Brasil: mestiçagem e sequestros", revê cronologias para argumentar que houve, sim, atividade surrealista importante associada ao modernismo brasileiro, mas convertida em história subterrânea. E não só no caso de Jorge de Lima e Murilo Mendes, dois grandes nomes da poesia brasileira, mas em outros, como os autores que se reuniram ao redor da revista *Verde* da cidade mineira de Cataguazes: o já mencionado Rosário Fusco, o estudioso Guilhermino Cesar e o grande cineasta Humberto Mauro.

9 Observando que o termo "Estado novo" se aplica ao período propriamente ditatorial do governo de Getúlio Vargas, de 1937 a 45. Contudo, a inflexão nacionalista, acompanhada pela criação de órgãos culturais públicos que tiveram a colaboração de expoentes do modernismo, marca todo o extenso período de seu primeiro governo, de 1930 até a destituição em 1945 (para ser reeleito democraticamente em 1950).
10 Tomo 1 pelas editoras Vozes/ Unesp/ Unicamp, 1995; tomo 2 pela Edusp, 2010.

Isso não significa que o exame do surrealismo no Brasil chegue a ser um deserto bibliográfico. Além da contribuição específica de Floriano Martins, que será examinada à frente, há títulos como *A estética surrealista* de Álvaro Cardoso Gomes[11] e *O desconcerto do mundo: do renascimento ao surrealismo* de Carlos Felipe Moisés[12], trazendo ensaios sobre o português Mário Cesariny e o contemporâneo brasileiro Roberto Piva. Em 2001, a propósito de uma exposição de arte surrealista promovida pelo Banco do Brasil, a revista *Cult* publicou um dossiê com artigos de Contador Borges, Eliane Robert Moraes — autora de ensaios sobre o tema e do livro *O corpo impossível*[13], centrado na contribuição de Georges Bataille mas com pertinentes comentários sobre surrealismo — e contribuição minha. Dois bons ensaios acompanham a edição brasileira de *O camponês de Paris* de Aragon, pela tradutora Flavia Nascimento e por Jeanne-Marie Gagnebin. De Michel Löwy, *A estrela da manhã: surrealismo e marxismo*[14].

Outra publicação recente é a enorme coletânea (de mil páginas) *O surrealismo*, de 2008 (Perspectiva).

11 Editora Ática, 1994.
12 Escrituras, 2001.
13 Iluminuras, 2003.
14 Civilização Brasileira, 2002.

Nela, incumbi-me do exame da poesia e poética surrealista, acaso objetivo e escrita automática (o conjunto daria um livro autônomo). Traz artigos de Sergio Lima e Luis Nazário examinando surrealismo no Brasil — o de Nazário, confrontando afirmações minhas e de Sergio Lima. Um ensaio de Jorge Schwartz, "Surrealismo no Brasil? Décadas de 1920 e 1930", retomando suas contribuições sobre vanguardas latino-americanas. Um diálogo de Floriano Martins comigo, perscrutando a rejeição do surrealismo pela crítica brasileira. Uma justificada ênfase na obra da grande artista plástica Maria Martins. Pelo que essa coletânea tem de excessivo e desigual, acabou circulando pouco. Ficaram obliteradas contribuições como a de Maria Lúcia Dal Farra, importante poeta, sobre surrealismo e esoterismo, e de Jorge Coli, tratando da contenda dos intelectuais ligados à Tel Quel com surrealistas.

Histórias da literatura brasileira tocam, de algum modo, no surrealismo. No entanto, só aparece em tópicos na recente e enorme *História da literatura brasileira* de Carlos Nejar (Leya, 2011); um deles, "O surrealismo: Claudio Willer"; outro, examinando como surrealistas a Roberto Piva, Carlos Augusto de Lima, Floriano Martins, Péricles Prade e Sebastião Nunes.

Correlatamente à recusa pela crítica, é fraca a presença de surrealismo no mercado editorial brasileiro.

Principalmente se comparado àquele de Portugal, onde se encontra de tudo, inclusive raridades. Por isso, cabe menção à publicação dos *Manifestos do Surrealismo* de Breton pela editora Brasiliense em 1985[15], mais uma coletânea de Benjamin Péret, *O amor sublime*, acompanhada por um dossiê sobre as estadas de Péret no Brasil[16], além de outra coletânea, *Arcanos da poesia surrealista*, organizada por dois remanescentes do surrealismo na França, Jean-Pierre Schuster e José Pierre; e ainda, em seguida, *Arcano 17*[17] de Breton. Foram emolduradas por uma Semana Surrealista, com debates, palestras e exposição, tudo patrocinado pela Aliança Francesa. Subsequentemente, teríamos uma nova edição dos Manifestos, em 2001, mais completa[18].

A intenção é examinar a crítica e recepção, e não fazer um balanço completo do parco movimento editorial. Mas é preciso registrar as publicações da boa editora Cosac Naify, com uma reedição de *Nadja* de Breton[19] e obras de Jacques Prévert e Michel Leiris.

---

15 Tradução de Jorge Forbes, prefácio meu.
16 Tradução de Jean-Pierre Clément, organização de Jean Puillade e Sergio Lima.
17 Tradução de Maria Teresa de Freitas.
18 Editora Nau, tradução de Sergio Pachá.
19 Já havia sido publicada pela Imago. Tradução de Ivo Barroso. Na edição mais recente, prefácio de Eliane Robert Moraes, posfácio de Annie Le Brun, além de uma espécie de coletânea de trechos de artigos importantes sobre essa obra.

Criada em 1996, infelizmente foi fechada em 2015. A edição de *Nadja* é superior àquela da Gallimard: em vez de copiarem as fotografias da edição francesa, recorreram às matrizes originais. Uma editora de menor relevo, Escrituras, publicou uma série de poetas contemporâneos portugueses, coordenada por Carlos Nejar, inicialmente, e por Floriano Matins: trouxe boas edições de, entre outros, Cruzeiro Seixas e Isabel Meyrelles. Infelizmente, com repercussão nula.

Outros lançamentos vêm de editoras inteiramente alternativas, como os de Joyce Mansour e Radovan Ivsic pela Lumme, ou de Robert Desnos, inclusive o indispensável *Liberdade ou Amor!* pela Nephelibata; assim como, mais recentemente, *Luto por luto* e *Poemas*. Todos, graças ao trabalho de Éclair Antonio Almeida Filho. De 2019, outra edição de Desnos, também intitulada *Poemas*[20].

Um circuito alternativo, propício ao surreal, foi se constituindo a partir dos anos de 1990. Plural, voltada para o novo e para o valor, a revista *Azougue* de Sergio Cohn e amigos — e subsequente editora — acolheu autores com uma dicção surreal ou afim, a começar por Roberto Piva. A partir de 2000, o meio digital pas-

20 Editoras Elefante e Lop Lop, tradução de Alexandre Barbosa de Souza.

sa a ter presença decisiva. As melhores fontes sobre surrealismo continuam lá, duplamente: pelo acesso direto aos textos, *online*, e a edições alternativas, fora do que, com otimismo, poderia ser denominado "mercado editorial" no Brasil. Com destaque para a revista *Agulha* de Floriano Martins, que vem tratando do tema sob os mais diversos ângulos desde 1999. Derivado de *Agulha*, organizado por Floriano e Maria Estela Guedes, o dossiê "Surrealismo, poesia e liberdade" na *TriploV* de Portugal. Outra parceria estimulante, revelando bastante contemporâneos, com *Materika*, da Costa Rica, por sua vez dirigida por Alfonso Peña. Do mesmo circuito de parcerias, a editora Sol Negro de Márcio Simões, em cujo catálogo podem ser achados René Daumal, Enrique Molina, Hans Arp. E, também extensão de *Agulha*, um empreendimento editorial sobremodo ambicioso, *ARC*, trazendo Cruzeiro Seixas e surrealistas da América hispânica. E surrealismo ainda é examinado em artigos e dossiês em outras publicações digitais, e em ocasionais matérias em suplementos e revistas literárias, por sua vez disponíveis nesse meio.

Já no campo das mostras de artes visuais, passou bastante surrealismo pelo Brasil, inclusive na principal delas, a Bienal de São Paulo. Museus e galerias receberam Dali, Miró, Man Ray e tantos outros nomes.

Além, é claro, de individuais e coletivas dedicadas aos surreais locais.

O desinteresse ou rejeição pela crítica e expoentes literários tem consequências. Projeta-se no ensino, na transmissão do saber: são raros cursos dedicados ao tema; escassa a produção propriamente acadêmica, composta por teses, dissertações e ensaios (alguma coisa será indicada a seguir). E, por decorrência, reflete-se na crítica jornalística. Uma produção surreal recente, inclusive de novos autores, permanece, por isso, confinada — desbloqueando-se, ultimamente, através do meio digital, em páginas de internet, dispositivos de busca e redes sociais.

Faccioli, conforme citado, atribuiu esse descaso por surrealismo ao nacionalismo na política e nas artes; a preocupação com uma "identidade" ou "cultura" brasileira, bem autóctone. Nesse caso, a obra de Jorge de Lima seria uma nota dissonante: intensamente surreal e com uma apreensão única do que vem a ser o Brasil, especialmente em *Poemas negros*. Iria mais longe, falaria não só em nacionalismo mas em um provincianismo brasileiro, contrastando com um cosmopolitismo hispano-americano do qual a trajetória de um Rubén Darío oferece um exemplo. Daí haver literaturas cujos autores desconheceram fronteiras, quer fosse para interagir ou para se antagonizar (Octavio Paz atacar fisicamente Pablo Neruda[21] é tão ilustrativo quanto suas colaborações com Julio Cortázar).

2. POETAS, PROSADORES, ARTISTAS

Há dois modos de olhar o surrealismo. Um deles examina as obras, poéticas inclusive. O outro desloca o foco para o autor e para uma atitude surrealista. O exemplo máximo da confusão de autor e obra continua a ser a *Anthologie de l'Humour Noir* de Breton, com manifestações de entusiasmo pela sucessão de estrepolias de Alfred Jarry ou o elogio ao romântico francês Petrus Borel, que, por recusar-se a usar chapéu, símbolo da condição burguesa, morreu de insolação na Argélia.

Tais olhares — para o autor e sua vida e para a obra — não são excludentes, porém complementares. Mas, conforme a atenção a um ou outro, produção ou atitude, algo muda na história do surrealismo no Brasil.

Tomando a poesia no sentido estrito, como gênero literário, os dois grandes modernistas associados ao surrealismo no Brasil continuam a ser Jorge de Lima (1893-1953) e Murilo Mendes (1901-1975).

21 Conforme relatado no autobiográfico *Sombras de obras*.

Quanto a esse, seus antecedentes estão não só no surrealismo, mas em um exacerbado catolicismo. Contudo, o rótulo de "poeta católico" reduz o alcance de uma lírica plural, na qual se encontra o que houve de inovador em seu tempo. Há uma linha evolutiva da "poesia em Cristo" até o ganho em síntese e vigor de *As Metamorfoses*, de 1941:

> Estamos vestidos de alfabeto,
> Não sabemos nosso nome.
> Cavalos brancos vermelhos
> Mastigam o mundo:
> Olhai a sombra da terra,
> Uma enorme guilhotina.
>
> Galopa fantasma
> Vida contra a vida

Poeta de imagens visualmente sugestivas, que poderiam passar por descrições de quadros de Magritte, Delvaux, Dali e Ismael Nery, resumiu, em 1935, uma questão à qual Breton dedicaria páginas de *O amor louco* em 1938: "Muro, nuvem do pintor".

É interessante como, em Murilo Mendes, a fé católica jamais foi antagônica com relação à sua fascinação pelo surrealismo. Foi conversar com Breton por duas vezes, além de comparecer a seu enterro. Expressou ideias a respeito de um "surrealismo à brasileira". Classificou o contato com surrealismo como "um *coup de foudre*", algo fulminante, recebido durante "a década de 1920, quando Ismael Nery, Mário Pedrosa, Aníbal Machado, eu e mais alguns poucos descobríamos no Rio o surrealismo". Tratou não apenas de Breton, porém de Marcel Duchamp, Max Ernst, Salvador Dali, De Chirico e outros artistas relacionados àquele movimento, além dos referenciais Lautréamont e Rimbaud.[22]

A coexistência de catolicismo e fascinação pelo surrealismo naquele grupo: ao que consta (e ainda falta uma reconstituição mais apurada desse tópico da história da nossa cultura), quem lhes apresentou surrealismo foi, justamente, o mais devotamente católico deles, o admirável pintor — e também poeta — Ismael Nery, morto precocemente, aos 33 anos.

Mesmo admitindo, como sustenta Sérgio Lima, a precedência surrealista em Jorge de Lima, foi um poeta de fases ou etapas. Teve o período parnasiano, nativista-regionalista, católico, onírico-surreal, até a grande síntese, *Invenção de Orfeu*. O onírico-surreal, já evidenciado em obras anteriores, toma conta de

---

22 Publicado em sua coletânea de crônicas *Poliedro*, subsequentemente reproduzido, entre outros lugares, no posfácio da edição brasileira já citada de *Nadja*.

Anunciação e encontro de Mira-Celi, admirável série de poemas em prosa. No *Livro de Sonetos*, ponto máximo do gênero em nossa literatura do século 20, uma reflexão sobre a poesia, afim a ideias surrealistas:

Não procureis qualquer nexo naquilo
que os poetas pronunciam acordados,
pois eles vivem no âmbito intranquilo
em que se agitam seres ignorados[23]

São palavras que anunciam a poesia hermética e cósmica de *Invenção de Orfeu*, onde reitera a ideia do poeta sonâmbulo ao descer a um mundo arquetípico:

Minha cabeça estava em pedra, adormecida,
quando me sobreveio a cena pressentida.

Em sonâmbulo arriei os pés e as mãos culpados
dos passos e dos gestos em vão desperdiçados.

Em seu processo criativo, foram os transes, despertando no meio da noite para escrever, reais, fatos biográficos? Há controvérsia. O que se sabe, de bio-

23 Esta e as demais citações da poesia de Jorge de Lima, em *Poesia completa*, Aguilar, organizada por Marco Lucchesi.

graficamente certificado, é que, nos anos de 1940, estressado, internou-se por dez dias em uma clínica, quando escreveu todos os 78 poemas que comporiam o *Livro de sonetos*, ainda sobrando alguns que integrariam *Invenção de Orfeu*. Talvez haja mais[24]. Conforme Fábio Lucas, "Conta-se que Jorge de Lima escreveu os poemas do *Livro dos sonetos* sob o efeito de visões e alucinações oníricas, em estado hipnagógico, no período de dez dias. Acontecia levantar-se de madrugada e compor vários sonetos de uma só vez. Era um período de grande angústia para o poeta, quando começou a sonhar acordado."[25] De todo modo, criou poemas que permitem aproximações à escrita automática e ao sono hipnótico. E, abraçando o catolicismo, foi mais longe para chegar à religiosidade primordial. Daí a temática do mineral, do subsolo em *Invenção de Orfeu*: é descida ao inconsciente e à experiência religiosa arcaica. Principalmente, sua defesa do sincretismo, da convivência de crenças e etnias, declarada nos *Poemas negros* ou em passagens de Invenção de Orfeu como "O índio em nós".

24 Embora a filha do poeta, Teresa Jorge de Lima, tenha negado categoricamente sonambulismo ou alucinações do poeta (em uma ocasião em que tive a oportunidade de conversar com ela).
25 Cf. http://www.antoniomiranda.com.br/ensaios/soneto_inovador_de_jorge_de_lima.html

Contudo, nem Jorge de Lima se refere a surrealismo ou a Breton como autor que o impressionou, nem Murilo o inclui naquele grupo de "alguns poucos", no qual Nery desempenhou um papel central. Ele nunca escondeu suas preferências literárias. Entre elas, por autores execrados pelos surrealistas, como Paul Claudel — sem dúvida, leitura que contribuiu para *Tempo e Eternidade*, *A túnica inconsútil* e *Anunciação e encontro de Mira-Celi* — ou que foram antagônicos com relação àquele movimento, como T. S. Eliot. É possível esta tirada: o surrealismo de Jorge de Lima está em Murilo Mendes. Isso, não obstante o débito evidente das "fotomontagens" de *A pintura em pânico*, de 1943, com relação a Max Ernst, especialmente. É possível designar essa criação como *Une semaine de bonté* de Ernst, sem as perversões: Mas, novamente, esse débito é registrado por Murilo[26]. E mais: o título da série de fotomontagens ou colagens é alusão a um título de Murilo, *A poesia em pânico*. O surrealismo foi para homenagear seu amigo e parceiro.

Por outro lado, é admirável, sob o ponto de vista do surrealismo, a integridade e estatura intelectual de Jorge de Lima. E, principalmente, o modo como criou

26 Na apresentação de *A poesia em pânico*, disponível, entre outros lugares, em http://www.apinturaempanico.com/textos.html

esplendorosas imagens poéticas: "A cabeleira das nebulosas havia embranquecido" poderia ter sido assinada por Reverdy; assim como "Busco-te viva e impossível / Rosa irreal desgrenhada, / Água fugida sem nível, / Nuvem fugaz desgarrada"; "E eis que surgem dos flancos bem-amados / o negro potro que me arrasta à insânia"; "Proa sem quilha, / ave em si e proa, / peixe sonoro / que em si reboa."; "As âncoras dos pés pedalam nos abismos, / a sombra é como o peixe aprofundado e cego".

Em primeira instância, Jorge de Lima foi um poeta que soube ler e entendeu autores matriciais para o surrealismo: Baudelaire, Rimbaud e Lautréamont, atualizando, através deles, a epopeia clássica[27]: é preciso retomar a viagem em direção às ilhas (recorrentes em sua poesia), à Utopia. Porém navegando no barco bêbado de Rimbaud:

Entre livro e cavalo o homem instalou
duas escadarias e uma bússola;
depois verificou que sendo duplas
as suas asas dúbias, duplo o voo.

27 Para avançar nessa interpretação, da bibliografia sobre Jorge de Lima, em especial CAVALCANTI, Luciano Marcos Dias, *Metamorfoses de Orfeu - a "utopia" poética na lírica final de Jorge de Lima*, Belo Horizonte, FAPEMIG, 2014

Pousou na escuridão, e repousou,
pois era o dia sete de seus súcubos.
Foi quando se exclamou: Faça-se a luz,
E a luz dentro das trevas se formou.

Maldoror! Mal-e-horror! Ó terra nata,
tão empresa, tão ébria, tão perjura
e sempre, e ao mesmo tempo tão amarga!

Que lume bruxuleia sobre as vagas?
Candelabro ou veleiro ou raio obscuro
que ora sobe na proa ora se apaga?

Olhando o vivido, e não só o escrito, encontramos surrealismo na manifestação mais significativa associada ao Modernismo, a Antropofagia. O que Oswald de Andrade, Tarsila do Amaral e Raul Bopp desenvolviam incluiu a acolhida a Benjamin Péret em sua vinda ao Brasil em 1929. Preocupações do grupo antropófago convergiam com a busca do outro por Péret, levando-o à compilação de mitos de índios, ao contato com os cultos sincréticos e seus rituais na umbanda e candomblé, e a examinar episódios da nossa história, do que resultou um livro sobre o "almirante negro" João Cândido, líder da Revolta da

Chibata[28]. A estada de Péret, que se havia casado com a cantora lírica brasileira Elsie Houston, encerrou-se com sua prisão e deportação e a destruição pela polícia dos originais daquele livro[29]. Sua volta ao Brasil se daria em 1955, quando, além de preparar um livro sobre Zumbi e o Quilombo dos Palmares coligiu novo material para *Mithes et légendes des peuples de L'Amérique Latine.*

Uma vanguarda intelectual e política articulou-se, através de Péret, com o surrealismo. Incluiu nomes ligados à formação de uma esquerda trotskista: a escritora Patrícia Galvão, a Pagu (1910-1962), Flávio de Carvalho (1899-1973) e o crítico Mário Pedrosa (1900-1981), concunhado de Péret (casado com a irmã de Elsie Houston). Pagu e Flávio foram hóspedes de Péret e Elsie em Paris, em 1934-35, acompanhando os debates que moveram Breton a escrever *Position Politique du Surréalisme*[30].

28 Em 1910, João Cândido Felisberto liderou uma revolta de marinheiros, inspirada na do Encouraçado Potemkin dois anos antes, contra maus tratos, em especial a aplicação de açoites como punição.
29 Um dossiê sobre Péret no Brasil na coletânea *Amor sublime* (Brasiliense, 1985), organizada por Jean Puyade, tradução de Sergio Lima e Pierre Clement. Um relato detalhado dessa estada por Jean Puyade em "Benjamin Péret: um surrealista no Brasil (1929-1931)", disponível em http://www.oolhodahistoria.ufba.br/artigos/benjamin-peret-surrealista-brasil-jean-puyade.pdf
30 Conforme *Pagu — Vida e Obra*, de Augusto de Campos, Brasiliense, 1982.

Abarcando as artes visuais, é preciso examinar não só Flávio de Carvalho, criador múltiplo, e Ismael Nery, porém Maria Martins. Artista originalíssima, musa de Marcel Duchamp (é dela o órgão feminino no interior de *Donner à Voir*), teve uma recepção paradoxal ao retornar ao Brasil: conhecida, com trânsito na elite cultural e econômica, à frente de iniciativas como a Bienal de São Paulo desde os anos de 1950, o alcance de sua criação, de uma animada vegetação onírica, vem sendo reconhecida ultimamente. E, ainda, nesse capítulo das artes visuais, contemporâneos como Maninha Cavalcante, Leila Ferraz e outros, além da contribuição especificamente visual de Floriano Martins e Sergio Lima.

Distinguindo-se artistas vinculados a algum movimento ou momento surrealista e aqueles legíveis ou apreciáveis sob a ótica do surrealismo, o elenco aumentaria consideravelmente. Além da produção propriamente antropófaga de Tarsila, teria que incluir a bela contribuição de Octávio Araújo, com sua assimilação pessoal de Magritte, Delvaux, Dali, Max Ernst. Incluiria o extraordinário ceramista Francisco Brennand. Além de outros nomes, abarcaria Mario Gruber e Marcelo Grassmann. E, sem dúvida, Wesley Duke Lee, parceiro de Roberto Piva em Paranoia e cujo ateliê (à Rua Augusta) abrigou reuniões surrealistas em

1965, com Sergio Lima, Piva e comigo. E, entre outros nomes, o forte provocador Nelson Leiner. Mais recentemente, o artista plástico e editor Valdir Rocha (em ativas parcerias com Floriano Martins).

Isso, sem falar de duas categorias caras ao surrealismo. Uma, aquela da arte dos confinados em manicômicos, na qual avulta a poderosa contribuição de Arthur Bispo do Rosário. Outra, do que fazem nossos povos indígenas, da arte plumária à cerâmica. E, ainda, o que nos foi trazido da África, a começar pelos cultos sincréticos, hoje hostilizados por fascistas, e sua iconografia.

Mas, dando atenção à coerência, um nome significativo do surrealismo no Brasil é o de Flávio de Carvalho. Sua pintura pode ser associada ao expressionismo; mas suas intervenções famosas, em uma procissão acarretando quase um linchamento em 1931, e com roupagens tropicais nos anos 19 50, são surrealismo autêntico, na exteriorização e nas intenções. E também sua atuação como arquiteto, esquivando-se ao mercado e à orientação funcionalista dominante, para concentrar-se em uns poucos projetos; alguns permanecem, ameaçados ou preservados a duras penas. Acima de tudo, a peça *Bailado do deus morto*, proibida ao estrear em 1933, resultando no fechamento do teatro, assim como, logo a seguir, teria uma exposição fechada. Coragem, recusa da ordem estabelecida: isso sim, é surrealismo, além da assimilação das ideias de Freud e a valorização da arte dos "alienados"[31]. A propósito da censura a Flávio de Carvalho e do banimento de Péret, cabe observar que a circulação restrita do surrealismo no Brasil deve bastante à censura e repressão policial, e não só à adesão de intelectuais à razão consciente, à realidade nacional, ao que fosse.

Sobra pouco, até os anos de 1960, para ser indicado como surrealista na poesia brasileira. Quanto a Sosígenes Costa, a qualificação se justifica, nem tanto pela poesia exuberante e excêntrica mostrada em *Iararana*[32], mas, novamente, pela conduta, ao sair de cena, colocar-se à margem da vida literária instituída: daí seu resgate tardio[33].

Caberia, no capítulo da expressão surrealista no Brasil, a referência a Paulo Mendes Campos, esperando-se o reconhecimento de sua poesia em prosa, de imagens e associações livres. No âmbito da geração

31 Conforme apontado por Sérgio Lima, "Os anos modernistas de Flávio de Carvalho", revista *Xilo*, n. 1, Fortaleza, Ceará, setembro de 1999.
32 Cultrix, 1979
33 Destacando-se o trabalho do intelectual seu conterrâneo Aleilton Fonseca. Em especial, por seu centenário, *O triunfo de Sosígenes Costa, de Cyro de Mattos e Aleilton Fonseca*, Editora UESC, 2004.

de 45, há autores em segundo plano, como Fernando Ferreira de Loanda e André Carneiro, a demandarem reexame. E, principalmente, o crescimento de interesse por Manoel de Barros, o poeta do Pantanal de Mato Grosso. Surrealista evidente, com um prestígio tardio, mas crescente, teve sua obra completa editada recentemente[34] Expressos por um vocabulário e uma sintaxe pessoais e inventivas, nele reaparecem o pensamento analógico e a sacralização do natural. É um poeta da natureza, do microcosmo, das pequenas coisas; e do mundo reinterpretado a partir das cosmovisões de povos indígenas. Assim como os herméticos neo-platônicos, foi capaz de enxergar o universo em cada coisa; o alto no baixo, o maior no menor, conforme bem expresso nesta amostra de sua poética, na qual se podem reconhecer não só o leitor das correspondências de Baudelaire, porém ecos do *Manifesto do Surrealismo* de Breton:

> No descomeço era o verbo.
> Só depois é que veio o delírio do verbo.
> O delírio do verbo estava no começo, lá onde a
> criança diz: Eu escuto a cor dos passarinhos.
> A criança não sabe que o verbo escutar

34 Leya, 2010.

não funciona para cor, mas para som.

Então se a criança muda a função de um verbo,

ele delira.

E pois.

Em poesia que é voz de poeta,

que é a voz de fazer nascimentos —

O verbo tem que pegar delírio

Afora isso, onde se vai encontrar poesia surrealista no Brasil é na prosa, em uma estirpe à margem do realismo dominante. Entre outros, em Aníbal Machado (1894-1964), crítico e narrador refinado em "Viagem aos seios de Duília" e "O iniciado do vento" — belamente filmados pelo diretor argentino radicado no Brasil Carlos Hugo Christensen — que, expressamente, se declarou surrealista. Estranho como, mesmo consagrado por "Tati, a garota" (filmado em 1973 por Bruno Barreto) e "A morte da porta-estandarte", sua obra circule pouco entre nós.[35]

A propósito de cinema, vale a mesma distinção, entre realizadores vinculados ao surrealismo e aqueles apreciáveis sob essa ótica. Nessa categoria, em pri-

---

35 Contribui para sua recuperação a tese recente do poeta Diogo Cardoso, *O mundo feito caderno: transfiguração e modernidade em Cadernos de João de Aníbal Machado,* Universidade de São Paulo, IEB, 2019.

meiro plano está Limite (1931), do excêntrico Mario Peixoto. Passando pela declarada admiração mútua de Luís Buñuel e Glauber Rocha, chega-se a um cinema de imagens, em uma estirpe que vai de Rogério Sganzerla e obras de Carlos Reichenbach, incluindo Paulo Bastos Martins (realizador de *O anunciador — o homem das tormentas*, de 1969, liderou manifestações anarquistas e surrealistas em Cataguazes e outras localidades, das quais participamos. Sergio Lima, Piva, Argos Machado e eu chegamos a ser detidos na delegacia de Nova Friburgo, RJ, em 1965, no contexto de uma dessas manifestações, que incluiu exibições de Buñuel, exposição, encenações teatrais e transmissões radiofônicas, visitas a moradores, e que tumultuou a cidade fluminense) e Jairo Ferreira, ao mais recente Renato Coelho e Priscyla Bettim.

Na literatura, há ainda o caso de Rosário Fusco, reeditado com *O Agressor*[36] e *a.s.a. — associação dos solitários anônimos*[37]. Mas essas edições repercutiram pouco, e o débito com relação ao anarquista de Cataguazes se mantém. De todo modo, é outro autor cuja vinculação ao surrealismo pode ser posta em dúvida, ou atribuída à repercussão da crítica desfavorá-

36 Ao Livro Técnico, 2000.
37 Ateliê, 2003.

vel por Antonio Candido: em seu ensaio *Introdução à Experiência Estética*, não há qualquer menção a surrealismo e territórios afins. Em sua estada parisiense, preferiu relacionar-se com Josephine Baker a conhecer Breton. Além de maior difusão, Fusco merecia biografia, o registro de sua vida movimentada. Há um resgate recente, pela estudiosa de surrealismo Marta Dantas[38].

Do elenco de prosadores, a inclusão mais importante é de Campos de Carvalho, por sua afinidade declarada, a narrativa descontínua e onírica, a crítica a valores e categorias do conhecimento, a qualidade das imagens poéticas em sua prosa, e, principalmente, a ética pessoal. Um transgressor em *A lua vem da Ásia*, sobre a loucura; e *Vaca de nariz sutil* e *Chuva imóvel*, onde há de tudo: incesto, pedofilia, assassinato, suicídio. Mereceria figurar na *Antologia do Humor Negro* de Breton, com sua lírica defloração sobre túmulos e tantas outras passagens memoráveis nos enredos la-

---

38 Em DANTAS, M. ou SILVA, M.D.. *O insólito no romance a.s.a. associação dos solitário anônimos, de Rosário Fusco*. In: ALVAREZ, Aurora Ruiz; GONÇALVES NETO, Nefatalin.. (Org.). *Manifestações do outro-eu na literatura: fragmentações e desdobramentos*. 1ed.Rio de Janeiro: Dialogarts, 2015, v. 1, p. 116-130; DANTAS, M. ou SILVA, M.D.. *O delírio do espaço em O livro de João, de Rosário de Fusco*. Revista *TOPUS*, v. 03, p. 02-15, 2017; DANTAS, M. ou SILVA, M.D. *O drama da geometria íntima em O Agressor, de Rosário Fusco*. Millenium (Viseu), v. 50-A, p. 109-122, 2016.

cunares, que parecem não levar a nenhum destino; e que, em *O púcaro búlgaro*, seu último livro, compõem a viagem a lugar algum. Promove o encontro de Rimbaud, Lautréamont e Machado de Assis (que atacava e ao mesmo tempo parafraseava).

Campos de Carvalho celebrou a autonomia da palavra, separada de seus sentidos habituais para ganhar novos significados, em uma conversão do abstrato em concreto, e, reciprocamente, abstração do concreto. Escrevia espontaneamente, proibindo-se de refazer textos — o oposto de dois outros autores da mesma família, Aníbal Machado e, principalmente, Murilo Rubião, que nunca parou de reescrever-se. É um escândalo sua obra haver desaparecido de vista, sem reedição, por três décadas, após ele resolver sair de cena e até a publicação da *Obra Reunida*[39]. Felizmente, ganhou uma bibliografia crítica significativa nos últimos anos, com destaque para a contribuição do poeta Augusto de Guimaraens Cavalcanti[40]

39 José Olímpio Editora, 1996.
40 Em especial, *Surrealismo no Brasil: A origem animal de deus, O púcaro búlgaro e Invenção de Orfeu: Flávio de Carvalho, Campos de Carvalho e Jorge de Lima*, tese de 2015 para a PUC do Rio de Janeiro, e a narrativa Fui à Bulgária procurar Campos de Carvalho, Sete Letras, 2012.

3. CONTEMPORÂNEOS

Na década de 1960 reaparece a identificação de poetas brasileiros com o surrealismo. O que houve nesse período da nossa literatura obriga a questionar a ideia de um surrealismo tardio, o "tardosurrealismo". Vistas do século 21, coordenadas temporais tornam-se relativas. Mário Cesariny e seus companheiros promoveram agitações em Portugal uns dez ou quinze anos antes de nós nos movermos nessa direção. E mesmo depois: as reuniões no Café Gelo foram até 1963, quando já fazíamos anarquia por aqui. Ao lermos *Le Surrealisme Même* e *La Brèche* (onde seríamos resenhados, Sérgio Lima, Roberto Piva e eu, em 1965[41]), ao comprarmos os volumes da *Oeuvre Complète* de Artaud à medida que saíam pela Gallimard, éramos atualizados e não atrasados. Até hoje, promover a leitura de Robert Desnos ou de *Sens-plastique* de Malcolm de Chazal é trazer à tona o que o Brasil desconhece; o novo, independentemente das datas, da publicação originária.

Já foi observado o caráter negativo do conjunto de 20 ou 30 poetas que figuram como Geração 60 em São Paulo: nem acadêmicos, nem concretistas, nem

41 *Le surréalisme a São Paulo*, nº 8 de *La Brèche — Action Surréaliste*, novembro de 1965.

de orientação nacional-populista. Nada de estranho que o mais rebelde deles, Roberto Piva (1937-2010), antes marginalizado e hoje o mais influente e estudado[42], mostrasse a poesia mais impregnada de surrealismo, desde *Paranoia*[43]. Tal radicalidade já havia sido expressa em 1962, nos manifestos distribuídos em folhas de mimeógrafo[44]: "Nós nos manifestamos contra a aurora pelo crepúsculo, contra a lambreta pela motocicleta, contra o licor pela maconha, contra o tênis pelo Box"; e também "contra a mente pelo corpo" e "contra a lógica pela Magia". São o marco inicial no Brasil de uma relação com surrealismo, não apenas no plano da realização artística, mas da discussão da relação entre poesia e sociedade: "O que não abro mão do surrealismo — que condiz com a minha vocação poética— é JAMAIS SEPARAR POESIA E VIDA".

42 Conforme levantamento na página da Biblioteca Roberto Piva, são, desde 2000 até 2020, 21 teses e dissertações sobre sua obra; além das reedições, publicações de inéditos, ensaios, e principalmente dos leitores, entre os poetas mais novos. A acrescentar, a coletânea de entrevistas (*Encontros — Roberto Piva*, pela Azougue, 2010), mais entrevistas (*Os dentes da memória*, por Renata D'Elia e Camila Hungria, Azougue, 2011), e as edições de inéditos pela editora Córrego.
43 Instituto Moreira Salles, 2000 e 2009; primeira edição, Massao Ohno, 1963.
44 Publicados nas *Obras Reunidas* da Globo Livros, três volumes de 2005 a 2008.

Piva classificava *Paranoia* como "beat-surreal". O termo pode ser estendido ao restante da sua obra. Sua expressão foi através de imagens surrealistas — diria mais, de riquíssimos encadeamentos dessas imagens. E seu intertexto é *beat*. Já em *Paranoia*, apropriara-se de passagens e do ritmo, prosódia e retórica de Allen Ginsberg, em primeira instância, e de Gregory Corso. Em obras subsequentes, inclusive em sua poesia xamânica de *Ciclones* e *Estranhos sinais de Saturno*, avançaria sobre o que haviam escrito Michael McClure, Gary Snyder, Jack Kerouac e Philip Lamantia.

Surrealismo e beat foram as duas grandes rebeliões poéticas do século 20. Suas relações foram complexas e ambivalentes. Ginsberg, por exemplo, ora apreciava, ora questionava surrealismo; e Kerouac não tomou conhecimento de seus autores. Pode-se afirmar que a confluência das duas correntes veio a ocorrer, pioneiramente, na poesia de Piva.[45]

Sérgio Lima (1939) pode ser vinculado ao surrealismo como movimento organizado. Ao lançar seu primeiro livro, *Amore*[46], vinha de Paris e de uma participação no movimento francês. Seus esforços para

---

45 Algo sobre encontros e desencontros de beats e surrealistas no delicioso *The Beat Hotel*, de Barry Miles; Grove Press, 2000.Faço algum paralelo em meu Geração Beat, L&PM, 2009..
46 Massao Ohno, 1963.

promover atividade surrealista no Brasil, ao longo de décadas, resultaram em reuniões e manifestações entre 1963 e 1965, com a participação de Piva, minha e de outros amigos; a seguir, com Leila Ferraz, Raul Fiker e Paulo Paranaguá, em uma Exposição Internacional do Surrealismo em 1967, realizada na Fundação Armando Álvares Penteado, e na publicação *A Phala* (que mostrou aqui Cesariny e o argentino Aldo Pellegrini). Subsequentemente, lançaria obra poética — especialmente *Alta licenciosidade*, de 1985 — e uma copiosa ensaística, incluindo os dois volumes de *A aventura surrealista* e um livro recente sobre surrealismo e cinema. Voltaria a reunir ou a tentar formar grupos surrealistas. Suas intervenções e atividades entre 1990 e 1996 incluíram um manifesto, com artistas plásticos e os poetas Juan Sanz Hernandez e Floriano Martins.

Contribuem para reduzir o alcance das iniciativas de Lima, não obstante sua contribuição como poeta e artista plástico, o tratamento autorreferente dado ao surrealismo mais recente no Brasil, permeado de afirmações incorretas, como ao declarar que a dissolução do grupo de 1963 ocorreu "em função de divergências que passam a ter um certo vulto (sobretudo por parte de Piva e Willer, mais preocupados com a beat generation e o pop art)"[47] — isso, sem minimamente levar em conta o que Piva e eu teríamos a dizer (bastante) a respeito. Apresentar-se como instância legitimadora é formar um clero ou burocracia surrealista; é tomar como sua representação grupos e movimentos que, nesta altura (e não só no Brasil), podem ter a mesma relação com o surrealismo histórico (que, ao constituir-se, reuniu os melhores poetas franceses daquela geração e alguns dos principais artistas visuais do século XX) que os remanescentes clubes positivistas com o positivismo do século XIX ou lojas maçônicas atuais com aquelas do tempo de Elias Ashmole.

Dos bons autores inicialmente, ou momentaneamente vinculadas a esse ciclo, publicações de Leila Ferraz e de Raul Fiker, com *O Equivocrata*[48], e a riqueza imagética de Juan Sanz Hernandes com *Biografia a três*[49] e *Horas queridas*[50]. Quanto a Leila Ferraz, só se pode celebrar o auspicioso retorno à publicação, com *A mobília violenta do ar.*[51] Tangenciando ou extra-

47 Em http://www.triplov.com/surreal/sergio_lima.html . Dei um tratamento mais detalhado a esse tipo de interpretação em http://www.triplov.com/willer/2006/surrealismo-marxismo.htm
48 Massao Ohno, 1976; Córrego, 2018.
49 Feira de Poesia, 1979.
50 Massao Ohno, 1985.
51 Amazon, 2020, Coleção O amor pelas palavras, organizado por Floriano Martins.

polando o surrealismo, o catarinense Péricles Prade, autor de uma obra extensa, com uma impressionante riqueza de imagens poéticas. Outro importante representante das brumas catarinenses, o poeta e artista plástico Rodrigo de Haro.

A publicação de *Ser Infinitas Palavras — poemas escolhidos e versos inéditos* (Azougue Editorial, 2001) de Afonso Henriques Neto (1944), do ensaio e coletânea *Cidade vertigem* (Azougue, 2005) e *Uma cerveja no dilúvio* (Sete Letras, 2011) mostram-no à margem da poesia marginal e demais tendências nas quais é distribuída a poesia brasileira. Sua visualidade, evidente em títulos como "Abismo com violinos", "Piano mudo", "A água não envelhece", "Tímpanos da neblina" permite observar que, se Francisco Alvim foi o Manuel Bandeira da geração "marginal" do Rio de Janeiro, essa tem em Afonso Henriques Neto seu Murilo Mendes. Mas um Murilo sem catolicismo, sem nada além da reafirmação do poder transformador da poesia. Avesso à política literária, é reconhecido, porém pouco citado.

A entrada em cena de Floriano Martins (1957) possibilita considerações adicionais. Agitar esse tema, surrealismo, e tratar dele nessa escala, não é apenas inclinação pessoal, evidente em seus poemas e obras visuais. Isso, desde a publicação da já mencionada coletânea *Escritura conquistada — Diálogos com poetas latino-americanos* e reuniões de seus próprios poemas — *Alma em chamas*[52], *Estudos da pele*[53], os recentes *Abismanto* [54] em parceria com Viviane de Santana Paulo, o bilíngue *Fuego em las cartas / Fogo nas cartas*: partes de uma produção bibliográfica monumental, que demandaria um catálogo para seu adequado registro[55], pois inclui traduções, antologias de surrealismo na América, obras em parceria[56], além das publicações de outros autores. É questão, principalmente, de honestidade intelectual, que se traduz na orientação dada à revista digital *Agulha*, nas decorrentes edições *ARC* e nas parcerias com outros editores e criadores. Reparar omissões, cobrir lacunas, leva a examinar surrealismo.

O elenco de poetas que pode ser associado ao surrealismo no Brasil ultrapassa os citados aqui. Deve-se deslocar o foco de um surrealismo militante, episódico, para uma configuração de obras pautadas pela recusa de amarras formalistas. Isso significa valorizar, entre os que já pertencem à "geração 90", a prosa poé-

52 Letra e Música, 1998.
53 Lamparina, 2004.
54 Sol Negro, 2012.
55 Cf. o meu *Floriano Martins, poeta e demiurgo*, coleção O amor pelas palavras, Amazon.
56 *O Começo da busca*, Escrituras, 2001, *Un nuevo continente — Antologia Del Surrealismo en la Poesía de Nuestra América*, Monte Ávila, 2008

tica de Weydson Barros Leal (*A música da luz*[57]); aquela de Contador Borges (*Angelolatria*[58], *O reino da pele*[59]), tradutor e estudioso de Nerval, Sade e Bataille; a tradição hermética retomada de modo refinado por Jorge Lúcio de Campos (*À maneira negra*[60]). E a lírica de Sergio Cohn, desde *Os lábios dos afogados*[61] e *O sonhador insone*[62], associada à orientação da revista por ele dirigida, *Azougue*, e à subsequente editora. Declaradamente influenciado por Piva, a quem divulgou em várias ocasiões, a ele também cabe o termo beat-surreal.

Preservando o caráter coletivo do surrealismo, apresentam-se os integrantes do movimento Decollage, ativo desde 1998 com Alex Januário, Marcus Salgado e outros. Promoveram intervenções, temperadas por bastante humor; a mostra Convocação dos Cúmplices — 80 Anos do Primeiro Manifesto do Surrealismo em 2004[63]; reeditaram *Os ossos do mundo* de Flavio de Carvalho; publicaram um boletim; criaram a Edições Loplop (nome baseado em um personagem

---

57 Edições Bagaço, 1997.
58 Iluminuras, 1998.
59 Lamparina, 2003.
60 Sete Letras, 1997.
61 Nankin, 1999.
62 Azougue, 2006.
63 Registrado em http://odorsodarainha.wordpress.com/2012/02/28/memoria-grupo-decollage-a-convocacao-dos-cumplices/

de Max Ernst), pela qual saíram, entre outros títulos, *Os deuses falam pelos govis* de Pierre Mabille, traduzido por Marcus Salgado, também autor de um recente e portentoso ensaio sobre Flavio de Carvalho, *A arqueologia do resíduo: os ossos do mundo sob o olhar selvagem*[64] e *Caixa Gris — Collage* de Alex Januário. Anunciam mais lançamentos e manifestações.

A circulação de obras poéticas no Brasil, beneficiada pela divulgação adicional no meio digital e edições mais viáveis em livro, permite observar que, mais de 90 anos após o manifesto de Breton, o surrealismo no Brasil compõe um hibridismo, junto com *beats*, outras correntes e autores; em especial, com a leitura de Piva. Isso vale para autores que comentei recentemente[65], como José Geraldo Neres e sua prosa onírica; Chiu Yi Chih; o trio Érica Zíngano, Renata Huber e Roberta Ferraz; Augusto de Guimarães Cavalcanti, com o vertiginoso *Fui à Bulgária procurar por Campos de Carvalho*, e Fabrício Clemente, com *Congresso espiritual dos Ranúnculos.*[66] Pertencentes a gerações ou décadas diferentes, não se constituem em grupo ou coletivo — porém, vários deles, interagem.

64 Antiqua, 2013.
65 Em http://www.sescsp.org.br/sesc/revistas/revistas_link.cfm?Edicao_Id=422&Artigo_ID=6415&IDCategoria=7412&reftype=2
66 Edições Ricochete, 2013.

E houve teatro surrealista: principalmente, o ano de 2012 teve as bem sucedidas encenações de São Paulo Surrealista 1 e 2 pelo Teatro do Incêndio de Marcelo Marcus Fonseca: a primeira, imaginando Breton em São Paulo e seu reencontro com Artaud; a segunda, homenageando Piva. Completando, livros de poemas do encenador, como *Da terra o paraíso*[67]. E, ativo desde 2008, Corpos Nômades de João Andreazzi, que criou encenações a partir de Marcel Duchamp, Os cantos de Maldoror de Lautréamont e Doutor Faustroll de Alfred Jarry, além de abrigar cursos de surrealismo em seu teatro, O Lugar.

Há uma nova onda — ou leva — ou ciclo — de publicações afins ao surrealismo no Brasil? É o que se percebe, através desses lançamentos recentes. E de outros, boa parte através da editora Córrego, incluindo — em uma relação incompleta — livros de Paulo Sposati Ortiz, Rubens Zárate, Diogo Cardoso, Jeanine Will[68], Rita Medusa, Elvio Fernandes Gonçalves Junior, Beth Brait Alvim, Gledson Souza (com destaque para o recente *Fantasmas*[69]), Roberto Casarini, Ana Cristina Joaquim (também pesquisadora de poesia de

---

67 Kazuá, 2013.
68 Com um título alusivo a Breton, *Caminhão de mudanças* (Córrego, 2018).
69 Jaguatirica, 2019.

Herberto Helder e surrealismo em Portugal e organizadora de antologias de poetas mulheres), Liz Reis, Mauro Jorge Santos, Celso de Alencar, Nitiren Queiroz, Leonardo Chagas, Luís Perdiz, José Antonio Gonçalves. E o retorno à cena poética do importante especialista em literatura hispano-americana Wilson Alves Bezerra. Uma espécie de monstro literário, uma combinação de procedimentos intitulada de modo muito alusivo *Cadáver crônico*, por Benedito Bérgamo e Rui Brito Chinelatto, será publicado. Em todos, observaremos hibridismo, com a presença forte de imagens surrealistas e as marcas da leitura de outras rebeliões, especialmente dos *beats*, bem como a leitura da agora matricial obra de Piva.

São publicações e acontecimentos que justificam otimismo quanto à circulação, não apenas do surrealismo histórico, mas, principalmente, do que lhe dá sentido: a rebelião, a adesão à poesia como modo de transformar o mundo; a disposição de confrontar os fascismos e regressos ao conservadorismo que parecem caracterizar esta quadra do século XXI. Continua faltando, evidentemente, um registro mais atento pelos remanescentes da crítica jornalística e pelas instituições de ensino, contribuindo para dar mais corpo às potencialidades.

OS POETAS MALDITOS

A categoria "poetas malditos" ganhou projeção graças a Paul Verlaine e sua antologia *Les Poètes maudits*, lançada inicialmente em uma revista literária, *Lutèce*, em 1883, e em seguida em livro, em duas edições. Aquela de 1884, com poemas de Arthur Rimbaud, Tristan Corbière e Stéphane Mallarmé; e a segunda, de 1888, ampliada, acrescentando Marceline Desbordes-Valmore, Villiers de l'Isle Adam e o próprio Verlaine, sob o anagrama de Pauvre Lélian[1]. Provavelmente, Verlaine foi motivado a produzi-la pela recusa da publicação dos futuros simbolistas na terceira edição do prestigioso *Parnasse Contemporain* de 1876, inclusive Mallarmé, além de Charles Cros e Germain Nouveau — uma pena que Verlaine não houvesse in-

1 A íntegra dessa segunda edição, digitalizada pela Bibliothèque Nationale francesa, está disponível em: http://gallica.bnf.fr/ark:/12148/bpt6k72580r. Informações adicionais, entre outras fontes, em http://artsrtlettres.ning.com/profiles/blogs/les-poetes-maudits-les-absolus

cluído esses dois extraordinários poetas, que assim ficaram à margem da própria marginalidade. O veto a Mallarmé no *Parnasse Contemporain* partiu de Anatole France e François Coppée. Foi o início da guerra entre parnasianos e simbolistas; entre tradicionalistas e inovadores.

A repercussão da antologia de Verlaine foi imediata. Resultou na adoção da condição de "maldito", tomada como valor por toda a geração simbolista-decadentista. Um dos indícios, o modo como foi incorporado por simbolistas brasileiros, como se vê em "Os poetas malditos" de Maranhão Sobrinho[2], e em alusões e menções na poesia de Cruz e Souza, entre inúmeros outros exemplos.

Interessa observar a contribuição decisiva de J.-K. Huysmans para a ampliação da iniciativa de Verlaine. Em *Às avessas* (*À rebours*), o famoso "breviário da decadência" publicado em 1884, os comentários sobre Corbière, Mallarmé e o próprio Verlaine teriam como fonte a antologia (conforme observa Robert Paul[3]).

---

2 MURICY, Andrade, org, *Panorama do movimento simbolista brasileiro*, 3ª edição, vols. 1 e 2, São Paulo: Perspectiva, 1987; RICIERI, Francine, org, *Antologia da poesia simbolista e decadente brasileira*, São Paulo: Companhia Editora Nacional / Lazuli, 2007.
3 PAUL, Robert, "Les poètes maudits, les absolus, les impeccables, ceux de la royauté de l'esprit, de l'âme et du coeur humains", comunicação disponível em http://artsrtlettres.ning.com/profiles/blogs/les-poetes-maudits-les-absolus (2011).

Lendo *Les poètes maudits*, observa-se que Verlaine se limitou a traçar perfis de seus escolhidos e a elogiá--los como "poetas absolutos" — assim se fazia crítica literária naquele tempo. Não se deteve no sentido da expressão "malditos"; não a definiu. Em um ensaio recente sobre Rimbaud, Marcelin Pleynet entende que esse título foi uma "má ação", criadora dos "clichês que ainda hoje dominam a obra e a biografia de Rimbaud"; e mais: "comandada por uma vontade de vulgarização", por remeter a *Uma estadia no inferno*[4].

Há razões para discordar de Pleynet. Talvez proceda acusar Verlaine de má fé; mas a escolha do título foi justa. Em primeira instância, pelo próprio Rimbaud haver-se declarado maldito; por haver assumido essa condição, de modo enfático. Especialmente em "Sangue mau", o capítulo de *Uma estadia no Inferno* com o monólogo do exilado no mundo: "Por ora sou maldito, tenho horror à pátria. O melhor será dormir, embriagado, sobre a areia"[5]. Declarou haver perdido a memória: "De nada mais me lembro anterior a essa terra e o cristianismo". Mas, ao mesmo tempo, é um profeta: "É oráculo o que digo"[6].

4 PLEYNET, Marcelin, "A Liberdade Livre", em Novaes, Adauto, org, *Poetas que Pensaram o Mundo*, São Paulo: Cia das Letras, 2005.
5 RIMBAUD, Arthur, *Poesia Completa*, organização e tradução de Ivo Barroso, Rio de Janeiro: Topbooks, 1994
6 *C'est oracle ce que je dis*: aqui, diferi da tradução utilizada, de Ivo Barroso.

Assim conferiu sentidos ao "eu é um outro" da "Carta do vidente". Declarou ser esse "outro": alguém que está fora, que não faz parte de seu tempo e sua sociedade. Por isso, de uma "raça inferior", além de longínqua: "meus pais eram escandinavos: vazavam o flanco, bebiam o próprio sangue".

Atribuiu uma condição superior ao marginal completo, ao bandido; para ele, uma criatura sublime, equiparada ao vidente e ao santo:

> Bem menino ainda, admirava o forçado intratável contra quem se encerram as grades da prisão; visitava os albergues e pensões que ele teria santificado com sua estadia; via em sua mente o céu azul e a florida faina dos campos; farejava sua fatalidade pelas ruas. Ele tinha mais força que um santo, mais intuição que um viajante — e a si, só a si! por testemunha de sua glória e de sua razão.[7]

E ainda se identificou ao negro, símbolo máximo da exclusão e da condição de outro, estranho no mundo: "sou um bicho, um negro [...]. Penetro o verdadeiro

7 Idem, p. 139.

reino dos filhos de Cam" — biblicamente, os amaldi-
çoados por Noé. Por isso, verberou os "falsos negros"[8].

Se *Às avessas* de Huysmans é o breviário da decadência, então esse capítulo de *Uma estadia no inferno*
é um breviário da rebelião. E com um alvo bem de-
finido: o opressor é o branco cristão. Por extensão, o
mercador, o magistrado, o general; e sua base política,
a "pátria", o próprio estado.

Comentaristas, inclusive o já citado Pleynet, asso-
ciaram *Uma estadia no inferno* ao inferno de *A Divina Comédia* de Dante. No entanto, há uma diferença,
observada por Pleynet: "Dante apenas atravessa o inferno como observador, como um homem livre [...],
enquanto Rimbaud passa ali toda uma temporada"[9].
O ensaísta ainda relaciona o inferno de Rimbaud à
modernidade (ao "absolutamente moderno") e enxer-
ga, nessa temporada no inferno e em poemas de Rimbaud, "uma certa disposição contra o tempo, poden-
do enquanto tal ser um inferno"[10]. Talvez. Rimbaud é
ambivalente, e pode ser objeto de múltiplas interpretações; especialmente, sobre o sentido do "moderno"
em sua obra. Mas declarou simpatia pelo inferno, um
avesso do mundo ou lugar oposto à sociedade burgue-

8 Idem, p. 141.
9 PLEYNET, p. 352
10 PLEYNET, p. 361

sa. Ademais, a categoria "moderno" em Rimbaud pode ser entendida como passo adiante ou um mais além: a superação da sociedade burguesa — lembrando que "modernidade" já havia ganho valor positivo através de Baudelaire, associada à transformação e ao novo.

Interessa reter a relação estabelecida por Pleynet do inferno de Rimbaud com aquele de Dante. E o registro da diferença de atitudes: um vê e passa, após relatar o que viu; o outro estagia, reside, toma o diabo como interlocutor e fonte de sabedoria, e seus proscritos como parceiros. E o inferno é aquele lugar onde se realiza a alquimia do verbo, no capítulo seguinte àquele do "mau sangue". Reciprocamente, é contra Deus. Tal aproximação ao diabo pode ser vista como extensão do que vinha proclamando em poemas; das blasfêmias, entre outros lugares, em "O Mal", o soneto no qual Deus "ri nas toalhas dos altares", enquanto milhares de soldados morrem na Terra[11]; ou o extenso "As Primeiras Comunhões", no qual Cristo é um "ladrão eterno de energias"[12].

Pode-se, a partir desse breve exame de Rimbaud — de uma das suas múltiplas dimensões, diria — estabelecer um critério, uma delimitação mais precisa

11 RIMBAUD, p. 103.
12 RIMBAUD, p. 199.

para caracterizar o poeta maldito. Além de ser um marginal, ou de haver sido marginalizado, é alguém que visitou o inferno e se relacionou com o diabo; na mesma medida, é contra Deus. Esses traços distintivos já haviam sido claramente apresentados por Baudelaire.

Rimbaud proclamou, na "Carta do vidente", Baudelaire como seu mestre, "o primeiro vidente, rei dos poetas, um verdadeiro Deus"[13]. Também nesse tópico, da condição de poeta maldito, pode ter-se inspirado nele. Certamente, leu os dois textos ou duas versões do mesmo texto sobre Edgar Allan Poe. É uma detalhada apresentação da ideia de uma maldição fulminando os gênios:

Há destinos fatais; na literatura de cada país existem homens que trazem a palavra azar escrita em misteriosos caracteres nos vincos sinuosos de suas frontes. [...] Existe então uma providência diabólica que prepara a infelicidade desde o berço? [...] Então existem almas votadas ao altar, consagradas, por assim dizer, e que devem caminhar para a morte e a

13 LIMA, Carlos, org, *Rimbaud no Brasil*, Rio de Janeiro: Comunicarte, 1993 p. 16.

glória através de um permanente sacrifício de si mesmas? Será que o pesadelo das 'Trevas' sempre envolverá essas almas de eleição?[14]

A "maldição" dos poetas em Baudelaire é metáfora teológica de um confronto entre poesia e sociedade que ele viveu intensamente, encarnou e expressou, não só através de textos, mas de provocações e um estilo de vida, dandismo incluído. Assim como é metáfora teológica o satanismo, proclamado desde a abertura de *As flores do mal*, identificando Satã a Hermes Trimegisto — um deus da sabedoria, patrono da escrita, da medicina, do esoterismo e magia (que, na cultura clássica, se confundia com a ciência):

> Na almofada do mal é Satã Trimegisto
> Quem docemente nosso espírito consola,
> E o metal puro da vontade então se evola
> Por obra deste sábio que age sem ser visto.[15]

O satanismo romântico já havia introduzido esse

14 BAUDELAIRE, Charles, *Charles Baudelaire, Poesia e Prosa*, organizada por Ivo Barroso, diversos tradutores, Rio de Janeiro: Nova Aguilar, 1995, p. 627.
15 BAUDELAIRE, 1995, p. 103. Todas as traduções de *As flores do mal* são de Ivan Junqueira.

novo ator no drama cósmico, através de William Blake, Byron, Shelley, entre outros — e, mais adiante, de Victor Hugo, que o reintegraria em "Satan pardonné", um dos poemas de *La fin de Satan*, um complemento de *La legende des siècles.*

O Lúcifer romântico, como já observei[16], o "espírito que nega" do *Fausto* de Goethe, estaria para o romantismo literário assim como a serpente, matriz do dragão alquímico, para os gnósticos, e Hermes, em sua versão mercurial, como símbolo e agente das transformações, para herméticos e alquimistas. Baudelaire o proclamou; mas foi além: considerando-o regente do mundo, dirigiu-se a ele pedindo conforto em "As litanias de Satã" — "tem piedade de nós" etc. Declarou-se seu aliado na reversão da queda e da maldição; um integrante da "raça maldita" dos rebeldes contra o Criador: "Raça de Caim, sobe ao espaço/ E Deus enfim deita por terra!", em "Abel e Caim"[17].

Recíproco, e precursor de Rimbaud — bem como de Lautréamont — é o tratamento dado a Deus. É sua teologia do mal, através de poemas dramaticamente pessimistas como "O abismo"; e, principalmente, "A tampa":

16 WILLER, Claudio, *Um obscuro encanto: gnose, gnosticismo e poesia.* Rio de Janeiro: Civilização Brasileira, 2010. P. 128.
17 BAUDELAIRE, 1995, p. 207.

[...] No alto, o Céu! paredão que o abafa como estufa,

Cenário ébrio de luz para uma ópera bufa

De cujo palco ensanguentado o histrião se serve;

Terror do libertino, anseio do eremita;

O Céu! tampa sombria da imensa marmita

Onde indivisa a vasta Humanidade ferve.[18]

Na crítica a *Os Miseráveis* de Victor Hugo, também blasfemou, ao argumentar:

Victor Hugo é pelo Homem e contudo não é contra Deus. Tem confiança em Deus, e no entanto não é contra o homem.

Repele o delírio do Ateísmo em revolta, e contudo não aprova as glutonarias sanguinárias dos Molocs e dos Teutates. Acredita que o Homem nasceu bom, e no entanto, mesmo ante os permanentes desastres dele, não acusa a ferocidade e a malícia de Deus[19].

Nos *Escritos íntimos*, perguntou: "não será a criação a própria queda de Deus?"[20].

A relação de Baudelaire com Victor Hugo é ilustra-

18 BAUDELAIRE, 1995, p. 225.
19 BAUDELAIRE, 1995, p. 622.
20 BAUDELAIRE, 1995, p. 534.

tiva daquela do poeta maldito e olímpico. Em vida, representaram essas categorias antagônicas. Hoje, cabe observar, Victor Hugo continua presente; é lido e estudado; porém, no campo específico da poesia (não da narrativa em prosa, é claro), Baudelaire ganhou mais espaço, maior volume de citações e estudos que o autor de *Os miseráveis* e *Les Contemplations*.

É estranha a pouca atenção dada por Baudelaire a Gérard de Nerval. Freqüentaram o mesmo grupo — dos remanescentes dos "Jeune France" que se reuniam no apartamento de Théophile Gautier à Rue Pimondan, sede do "Clube dos Haxixins". E tiveram tanto em comum: ambos adotando o postulado hermético das correspondências, ambos *flâneurs*, provocadores, marginais. Baudelaire, no entanto, nunca o examinou como poeta. Limitou-se a registrar o suicídio de Nerval em 1855. Uma vez, em seus escritos íntimos; a outra, sem nomeá-lo, na segunda versão do ensaio sobre Poe, acrescentando-o assim a seu rol de malditos:

> E mais recentemente ainda — hoje, 26 de janeiro, faz um ano — quando um escritor de uma honestidade admirável, de uma alta inteligência, e que foi sempre lúcido, foi-se discretamente, sem incomodar ninguém — tão

discretamente que sua discrição se asseme-
lhava ao desprezo — soltar sua alma na rua
mais negra que pode encontrar [...].[21]

No registro das afinidades importantes de Baudelaire e Nerval, tem que constar a associação da rebelião à maldição. Mas, com Nerval, ingressamos em
pleno pensamento mítico e um desenfreado sincretismo. Seu equivalente ao "Caim e Abel" de Baudelaire é o soneto "Anteros" de *As quimeras*. Declara-se
descendente de Caim: "Na palidez de Abel, oh! Deus,
ensanguentada, / Eu chego a ter de Caim o implacá-
vel rubor"[20]. Contudo, o confronto, sendo bíblico, com
Jeová, ao mesmo tempo é aquele dos titãs contra Zeus
(por sua vez na origem da humanidade, nascida das
cinzas dos titãs, conforme o mito de Dionísio Zagreu):
"É que a raça de Anteu é a minha árvore herdada". Personagens de um mito grego, de Anteu, filho de Geia,
morto por Hércules, ao apostrofarem Jeová, invocam
os deuses fenícios Belus e Dagon. O combate é, portanto, contra todos os monoteísmos: "E eu volto os
dardos contra o deus triunfador". Jeová é "o último"
dos deuses equivalentes ao pai.

21 Disponível, entre outros lugares, em http://www.tierslivre.net/
litt/baudelpoenot1.html - tradução minha. NERVAL, Gérard, As 20
Quimeras, tradução de Alexei Bueno, Rio de Janeiro: Topbooks, 1996

Em Nerval, é como se todas as religiões fossem a mesma; ou fizessem parte de uma simbologia, da qual doutrinas e mitos apresentam versões. Mais que delírio (não só ao escrever *Aurélia*, sua obra derradeira, mas já em 1844, ao criar a série de doze poemas de *As quimeras*, teve surtos, ataques de loucura), é expressão da sua formação esotérica e da consequente crença na simbologia universal. Intercambiar mitos foi sua especialidade, característica diferenciadora, mesmo no contexto do romantismo literário, com seu sincretismo e apreço por mitologias, também exacerbado em Victor Hugo.

Jean-Luc Steinmetz, nas notas à edição Pléiade de Nerval, o vê como rebelde antimonoteísta:

Nenhum desses sonetos [de *As Quimeras*] traz a marca da adesão ao monoteísmo. Bem ao contrário, os deuses é que são lamentados, mesmo se, para explicar o sistema do mundo, Nerval pareça admitir a realidade de um criador, aquele que nos tirou do limo. [...] O movimento de rebelião contra um poder paterno é constante — quer se trate de Kneph, "velho perverso", ou de Jeová, verdadeiro tirano[22].

22 NERVAL, Gérard, *Oeuvres complètes*, org. Jean Guillaume, Claude Pichois e outros, Paris: Gallimard (Pléiade), vol. I, 1989, vol. II, 1984; vol. III, 1993. p. 1273.

Por isso, observa: "Nerval proclama a permanência de uma luta entre uma ordem antiga que eles [os deuses da Antiguidade] simbolizam e uma era futura referida ao monoteísmo". Nessa e em outras notas para as *Oeuvres Complètes*, Steinmetz politiza Nerval ao salientar seu anti-autoritarismo, a rebelião contra o Pai, bem como a luta entre "uma ordem antiga" e "uma era futura".

Semelhante interpretação pode ser projetada, penso, nos poetas malditos em geral, desde que apresentem os traços aqui examinados: satanismo, inconformismo, reconhecimento tardio.

O sincretismo de Nerval ainda possibilita interpretações adicionais da tópica da descida aos infernos, incluindo a estadia de Rimbaud. Trata-se de atualização, na moldura cristã, de um mito mais antigo: aquele de Orfeu — patrono ou arquétipo dos poetas — que desce ao Hades, reino dos mortos. O poema com que abriu *As quimeras*, "El desdichado" (lembrando que esse título não se traduz como "O desgraçado" — é referência a um personagem de Walter Scott), apresentação do autor, equivale a um programa ou projeto:

E duas vezes cruzei vencedor o Aqueronte:
Modulando na cítara a Orfeu consagrada
Os suspiros da Santa e os arquejos da Fada.[23]

Assim, já em 1844, proclamava que, sendo poeta, podia descer ao mundo dos mortos para resgatar sua amada Jenny Colon, equivalente a Eurídice — na versão literária desse mito, conforme mostra Brunel. Sua última internação em uma clínica, relatada em *Aurélia*, é estada entre mortos: fantasmas, personagens de outro mundo e da mitologia. Sua união com Eurídice-Jenny é impossibilitada por um alterego, um duplo maligno. Novamente, antecipava e justificava o suicídio que logo ocorreria, ao associá-lo à descida mítica.

Isso, lembrando que o mito de Orfeu é adaptação ou atualização grega de algo ainda mais arcaico: a própria iniciação no xamanismo, conforme exposto, entre outros, por E. R. Dodds em seu fundamental *Os gregos e o irracional*. Dos xamãs tribais aos maçons e demais esoteristas contemporâneos, todos os adeptos de doutrinas iniciáticas descem ao reino dos mortos. E seu retorno sempre corresponde a um ganho em conhecimento e poder; à aquisição de algum grau de iniciação.

23 NERVAL, 1996, p.21

São esses, portanto, os fundamentos do satanismo que proliferaria com tamanho vigor durante a "belle époque", tempo de afirmação e proliferação do simbolismo-decadentismo. Conforme observei em outra ocasião[24], nesse período, denominado pelo ensaísta norte-americano Roger Shattuck de "o grande banquete", entre 1885 e 1918, aquilo que, em décadas anteriores, havia sido comportamento de exceção dos Baudelaire e Nerval, passou a caracterizar um ambiente artístico e literário. Obras, argumenta Shattuck, passaram a interessar, não mais como reprodução de uma norma, mas como desvio das normas, assim iniciando o primado vanguardista da experimentação.

O prestígio do satanismo e da condição de maldito acentuou-se por sua força como metáfora, não apenas de um antagonismo entre poeta e sociedade, já vivido e manifestado no romantismo em uma diversidade de versões e por vários autores, de Chatterton a Vigny; porém de uma poética e um valor.

Sob esse aspecto, tanto a estada no inferno de Rimbaud quanto a antologia de Verlaine foram inau-

<hr>

24 WILLER, Claudio, "Surrealismo: Poesia e Poética", em *O Surrealismo*, organizado por J. Guinsburg e Sheila Leirner, São Paulo: Perspectiva (coleção Signos), 2008, p. 287.

gurais: manifestos de uma nova estética e sua escala de valores.

Essa função de manifesto foi desempenhada pela antologia de Verlaine; não pelas prosas poéticas de Rimbaud, que alcançariam circulação mais ampla apenas a partir de 1912. Assim como também demoraria para *Os cantos de Maldoror* de Lautréamont chegarem a seus leitores; consequentemente, o tratamento dado por ele ao tema — inspirado em Baudelaire, paralelo às proclamações de Rimbaud, porém em um registro paródico. Especialmente, na oitava estrofe do Canto Segundo, que relata a subida de Maldoror ao céu para encontrar um Deus monstruoso, devorador de homens que nadam em um charco de sangue.[25] A ligação, já observada aqui, da visita de poetas ao inferno com a *Divina Comédia*, que pode ser inferida em Baudelaire e Rimbaud, é apresentada de modo direto e ao mesmo tempo inverso. Deus, nessa passagem, ocupa o lugar que, em Dante, é do diabo em seus círculos infernais, conforme observado por P. O. Walzer, entre outros. É, também, uma paráfrase hiperbólica de "A tampa" de Baudelaire: o palco ensanguentado do poema torna-se um charco de sangue.

25 LAUTRÉAMONT: *Os Cantos de Maldoror, Poesias, Cartas (obra completa)*, tradução, prefácio e notas de Claudio Willer; São Paulo: Iluminuras, 2008, p. 125.

A projeção do poeta maldito no final do século XIX foi reforçada — parece-me — por um satanismo prático, e não apenas teórico ou literário. A narrativa *Là-bas* de Huysmans teve impacto, inspirando um sem-número de outros relatos de missas negras e magia, entre outros motivos por ser, comprovadamente, *à clef*, reportando-se a acontecimentos reais, como as missas negras oficiadas pelo abade Boullan. Pode ser equivocada, baseada em um exagero, a afirmação de Norman Cohn, em seu importante *The Pursuit of the Millenium*, de que Boullan "fundou uma seita da qual se diz que a um tempo teria tido uns 600.000 membros, principalmente na Europa ocidental"[26]. Mas é certo que houve proliferação de cultos como esses, configurando um panorama bem reconstituído por Umberto Eco em sua recente narrativa histórica, *O cemitério de Praga*. Quantos simbolistas teriam frequentado tais cerimônias, além de Berthe de Courrières, amante de Huysmans e esposa de Rémy de Gourmont, o editor do Mercure de France? Preferiam, pelo que se sabe, seus antagonistas, os cultores da magia branca; os dublês de magos e literatos como o Sär Péladan e Stanislas de Guaïta. Mas, por uma via

26 COHN, Norman, *The Pursuit of the Millennium*, Oxford University Press, 1981, p. 175.

ou outra, das trevas ou da luz, o sobrenatural entrava em cena; e a condição de maldito passava a ser, não só uma metáfora, mas um dado ou experiência.

Dupla influência, ou duplo impacto receberam, portanto, os simbolistas-decadentistas brasileiros: pela via literária e também por outra, mais direta; aquela dos fatos; das práticas de magia em voga. O exemplo mais evidente é oferecido por Dario Veloso, o poeta e esoterista paranaense, com seus cultos e reuniões em um templo pitagórico — que, reconstruído após um incêndio, pode ser visitado em Curitiba. Já foram mencionados aqui os exuberantes versos de "Os poetas malditos" de Maranhão Sobrinho. De Cruz e Souza, basta mencionar o baudelairiano soneto "Satã": "Ei-lo Satã dentre os Satãs augustos"[27] — e alusões às missas negras, inspiradas em Huysmans, em outros sonetos e em suas prosas poéticas.

*

Roberto Piva não foi um satanista; tampouco, um neo-simbolista. Contudo, projetar tais parâmetros em sua poesia — e na sua recepção — enriquecerá a lei-

27 CRUZ E SOUZA, *Obra completa — volume 1, Poesia*, Lauro Junkes, org, Jaraguá do Sul: Avenida, 2008, p. 400.

tura de sua obra. E permitirá atualizar essa categoria, dos "poetas malditos".

A demora na sua recepção resultou, como observei em outras ocasiões[28], da surdez para o não-discursivo por parte da crítica; de um recalque brasileiro do surrealismo, agravado pelo modo como alternou imagens delirantes e uma linguagem muito direta, oposta ao eufemismo. Para corroborar, basta examinar a bibliografia que acompanha as edições de suas *Obras reunidas*: antes de 2000 não há quase nada em matéria de ensaios e participações em antologias. Bem conhecido, não era, contudo, reconhecido, a não ser por uma minoria, por aqueles que, em outras ocasiões, caracterizei como "periferia rebelde"[29].

Ele havia proclamado, em um de seus manifestos, de 1984: "O século XXI me dará razão"[30]. Acertou na cronologia: foi a partir de 2000 que não apenas saíram os volumes de suas obras reunidas, precedidos ou acompanhados por manifestações da crítica e inclu-

28 PIVA, Roberto, *Um Estrangeiro na Legião, volume I de Obras Reunidas*, Alcir Pécora, org, São Paulo: Globo, 2005, p. 156.
29 FARIA, Álvaro Alves e Carlos Felipe Moisés, organizadores, *Antologia Poética da Geração 60*, org. São Paulo: Nankin, 2000 e NOYA, Thiago de Almeida, *Roberto Piva e a "periferia rebelde" na poesia paulista dos anos 60*, Dissertação de Mestrado, UERJ, Universidade do Estado do Rio de Janeiro, Curso de Pós-Graduação em Letras, 2004.
30 PIVA, Roberto, *Asa preta e mala na mão, volume II de Obras Reunidas*, Alcir Pécora, org, São Paulo: Globo, 2006, p. 147.

sões em antologias, além de dois documentários importantes. Também houve estudos aprofundados, incluindo dissertações, uma tese, um livro sobre ele[31] e outro em forma de reportagem centrada nele[32]. Hoje, Piva não é apenas lido, porém estudado. A recepção tardia justifica sua poética fundada em um antagonismo de poesia e sociedade, tal como expressa, entre outros lugares, no título de mais um manifesto: "todo poeta é marginal, desde que foi expulso da república de Platão"[33].

Mais que leitor, foi um seguidor de Rimbaud, várias vezes mencionado — "Eu aprendi com Rimbaud / & Nietzsche os meus / toques de inferno"[34] —, assim como de Lautréamont — "Eu vejo Lautréamont num sonho nas escadas de Santa Cecília"[35] — e Baudelaire — "quando eu lembrava Jean / a olhar para mim / citando Baudelaire / na penumbra"[36]. Piva os ado-

31 COHN, Sergio, *Roberto Piva*, Rio de Janeiro: UERJ (coleção Ciranda de Poesia), 2012.
32 D'ELIA, Renata e Camila Hungria, *Os dentes da memória: Piva, Willer, Franceschi, Bicelli e uma trajetória paulista de poesia*, Rio de Janeiro: Azougue, 2011. 5 Fiz um levantamento em http://claudiowiller.wordpress.com/2012/12/28/uma-biblioteca-sobre-roberto-piva/ a propósito da publicação de Cohn, 2012.
33 PIVA, Roberto, *Estranhos sinais de Saturno, volume III de Obras Reunidas*, Alcir Pécora, org, São Paulo: Globo, 2008, 187.
34 PIVA, 2005, p. 103.
35 PIVA, 2005, p. 52.
36 PIVA, 2005, p. 87.

tou como leitura e intertexto; e também nas blasfêmias. Há continuidade no tratamento dado a Deus e ao cristianismo. Estreou em livro, com *Paranoia*, de 1963, imprecando e blasfemando pesadamente, em passagens como estas: "o universo é cuspido pelo cu sangrento de um Deus-Cadela"[37] e "Deus suicidou-se com uma navalha espanhola"[38]; ou, no mesmo poema (intitulado, de modo consistente, "Poema porrada"), "quando eu ia ao colégio, Deus tapava os ouvidos para mim?", além de "a Virgem assassinada num bordel"[39] e "a Virgem lava sua bunda imaculada na pia batismal"[40] — isso, entre inúmeros exemplos possíveis.

Assim como em seus predecessores, especialmente Rimbaud e Lautréamont, o ataque teológico tem o sentido de rebelião anti-autoritária: "todo trabalhador é escravo. toda autoridade / é cômica. fazer da anarquia um / método & modo de vida."[41]. A citação é de *20 poemas com brócoli*, seu livro de 1981 que focaliza, justamente, uma visita ao inferno, como anunciado na epígrafe, extraída de *L'Alleluiah* de Georges Bataille: "...ce qui t'est demandé est la / pureté de l'enfer — ou, si tu / aimes mieux, de l'enfant.." (idem,

37 PIVA, 2005, p. 66.
38 PIVA, 2005, p. 49.
39 PIVA, 2005, p. 48.
40 PIVA, 2005, p. 44;
41 PIVA, 2006, p. 111.

p. 94; itálicos da edição — traduzindo: "o que te é pedido é a / pureza do inferno — ou, se tu / preferires, da criança").

Refez, a seu modo, o trajeto de Rimbaud e Lautréamont. Mas com uma diferença, ou acréscimo: onde, em Rimbaud e Lautréamont, a referência ao inferno visitado por Dante em *A Divina Comédia* é indireta, através da alusão, em *20 poemas com brócoli* é direta. No posfácio desse livro, após citar Rimbaud, declarando adotar a poética do desregramento dos sentidos, expôs sua gênese:

> Repensei também os três anos de 1959 a 1961, quando participei do curso sobre a *Divina Comédia* dado pelo saudoso professor Edoardo Bizarri no Instituto Cultural Ítalo-Brasileiro. Durante os três anos de duração do curso, lemos, comentamos & discutimos os três livros de Dante (Inferno, Purgatório & Paraíso) que compõem esta Suma Poética que é a *Divina Comédia*, no que ela tem de loucura, iluminação, beleza & linguagem cinematográfica em plena Idade Média.[42]

42 PIVA, 2006, p. 116.

Que inferno é esse, visitado por Piva? Em um paradoxo aparente, não mais o lugar da danação, do castigo eterno, porém, e com uma alusão a William Blake, outro que visitou o inferno e ouviu o diabo, do prazer, da celebração de Eros:

> Foi frequentando uma sauna de subúrbio que inventei o molho propiciatório para este casamento do Céu e do Inferno.
> As pequenas estufas de vapor para duas pessoas nessa sauna me deram a imagem paradisíaca das *bòlgia* onde os danados de Dante sonham eternamente. Mas os garotos do subúrbio são anjos...[43]

Foi encontrar-se no inferno com os "garotos / rebeldes & depravados" aos quais dedica um dos poemas, no qual diz que "o mundo virou do avesso"[44]; os "adolescentes violetas na porta do cinema"[45]; entre eles, o "adolescente da lavanderia" com "seu olhar silvestre"[46] e um "garoto nevado"[47]. Companheiros e in-

43 PIVA, 2006, p. 116.
44 PIVA, 2006, p. 104.
45 PIVA, 2006, p. 107.
46 PIVA, 2006, p. 102;
47 PIVA, 2006, p. 113.

terlocutores, "garotos-filósofos de Platão"[48], verdadeiros "gregos de Homero"[49]. Relaciona-se nos "degraus do teu beijo na escuridão / da avenida"[50], enquanto "você brincava com meu caralho"[51], pois "o amor é uma ponte de / brinquedo"[52]. Faz questão de mostrar que fala dos mesmos angelicais "garotos do subúrbio" da sauna que o inspirou, através de uma epígrafe do canto XV de *A Divina Comédia*, dos sodomitas: "ci riguardava come suol da sera / guardare uno altro sotto nuova luna"[53].

Também encontra, além de Dante, outros poetas, aos quais se dirige: "mestre Murilo Mendes tua poesia são / os sapatos de abóbora que eu calço"[54]; e Baudelaire, que "sangrou na ponte negra do Sena", pois "assim é a lucidez / o swing das Fleurs du Mal"[55]; além dos "expressionistas alemães" que "têm poemas que abrem / brechas na realidade. / George Trakl & Gottfried Benn"[56].

48 PIVA, 2006, p. 107.
49 PIVA, 2006, p. 97.
50 PIVA, 2006, p. 100.
51 PIVA, 2006, p. 101;
52 PIVA, 2006, p. 105.
53 PIVA, 2006, p. 107.
54 PIVA, 2006, p. 102.
55 PIVA, 2006, p. 141;
56 PIVA, 2006, p. 108.

A conjunção de visita ao inferno, erotismo e poesia projeta-se na cidade, transfigurando-a e convertendo-a em cenário de sonho, entrevisto através dessas "brechas na realidade" abertas pelos poetas:

> a cidade com sol vista do alto de um terraço.
>
> luz sombra cor & estranhas vertigens.
>
> cabeças decepadas.
>
> últimos centauros trotando nos parques.
>
> últimos amores nas tocas antes da noite.[57]

E possibilita a anamnese, viagem no tempo e retorno à origem:

> [...] fontes de mel. pequena cidade do interior
>
> donde você brota como Amor-Perfeito.
>
> imensa e delicada adolescência.
>
> tambores dos quintais & do riacho
>
> nas asas dos anjos da Memória.

Isso, lembrando que Piva, embora nascido em São Paulo, passou parte da infância e adolescência em algumas dessas pequenas cidades do interior, como Brotas e Analândia.

57 PIVA, 2006, p. 110.

A estada no inferno confunde-se com a *flânerie* na metrópole. Assim como em *Paranoia* e outros livros anteriores, nomeia lugares, dá os endereços de encontros: a famosa esquina-Sampa com "adolescentes violetas na porta do cinema. / Bar Jeca esquina da São João/ / Ipiranga"[58]; ou o parque do Trianon: "o deus Pã de Brecheret & / chuva fina no bicho-preguiça."[59].

A transformação da cidade em cenário onírico já caracterizava seu livro de 1964, *Piazzas*, imediatamente subsequente a Paranóia: nesse, a paisagem urbana é, antes, pesadelo — salvo lugares de eleição, como o Parque Ibirapuera.

Há, contudo, ambivalência no tratamento dado à cidade, ora erotizada, inferno prazeroso, ora lugar a ser abandonado. Assim, ao lado do poema aqui transcrito, sobre a beleza da "cidade com sol vista do alto de um terraço", estampou um manifesto pela saída da metrópole e da civilização:

> abandonar tudo. conhecer praias. amores novos.
> poesia em cascatas florindo como aranhas
> azuladas nas samambaias.
> todo trabalhador é escravo. toda autoridade

---

58 PIVA, 2006, p. 107.
59 PIVA, 2006, p. 103.

é cômica. fazer da anarquia um
método & modo de vida. estradas.
bocas perfumadas. cervejas tomadas
nos acampamentos. Sonhar Alto. [60]

Anuncia, assim, o retorno à natureza que celebraria em *Ciclones*.

Não é só do Inferno que Piva trata. Em "dançarei no musgo do teu coração/ onde as estrelas do/ amor caem feito ducha", são as estrelas vistas à saída do Inferno[61]; mas as "cascatas floridas com aranhas/ azuladas nas samabaias" talvez estivessem em um dos rios que nascem no Paraíso. Seu "abandonar tudo. conhecer praias. amores novos" equivale à saída da metrópole e também do inferno.

Há, portanto, ambivalência na relação de *20 poemas com Brócoli* com *A Divina Comédia*; e também com a cidade de São Paulo. Piva sabia muito bem que ambivalência é qualidade da poesia; resumiu, no final de *20 poemas com brócoli*: "a poesia age às vezes como montanha-russa". Também poderia ser a roda

60 PIVA, 2006, p. 111.
61 DANTE ALIGHIERI, A *Divina Comédia*, tradução e notas de Italo Eugenio Mauro, três volumes (Inferno, Purgatório e Paraíso), São Paulo: Editora 34, 1998; DODDS, E. R, *Os gregos e o irracional*, trad. Paulo Domenech Neto, São Paulo: Escuta, 2002, p. 300.

gigante do parque Changai em *Paranoia*, "conquistado pela lua" onde "adolescentes beijam-se no trem fantasma"[62]: dispositivos feéricos que sobem e descem, movendo-se entre o sublime e o abjeto. Dentre os inúmeros exemplos dessa dupla face, alternando luz e sombra, da metrópole na sua poesia, um dos melhores está em seu último livro, *Estranhos sinais de Saturno*: em um poema, "Bilhete para o Bivar", é a São Paulo degradada, lugar tenebroso com "assassinos travestidos em folhagens / hordas de psicopatas / atirados nas praças / enquanto os últimos / poetas / perambulam na noite / acolchoada"[63]; ao mesmo tempo, ele alcança iluminações profanas em "Mostra teu sangue, mãe dos espelhos", ao deparar-se com "o mistério lunar da menina / lésbica / linda com um nenúfar"[64] vista "levando na mochila / AS CANÇÕES DE BILITIS"; isso, no metrô (Piva me relatou a gênese desse poema).

Ele já vinha anunciando essa releitura de Dante nos *20 poemas com brócoli*. Em *Coxas*, narrativa imediatamente anterior a esse livro, um dos personagens, Coxas Ardentes "queria saber se Virgílio no Inferno de

---

62 PIVA, 2005, p. 45.
63 PIVA, 2008, p. 149.
64 PIVA, 2008, p. 127.

Dante poderia ser interpretado como o símbolo da sabedoria humana." Seus comparsas na sauna de subúrbio já estavam lá: "O inferno de Dante é um paraíso — slogan do clube Osso & Liberdade, sociedade secreta fundada por adolescentes vindos da Penha Vila Diva & Jardim Japão". Na época, encontrava-se com Italo Eugenio Mauro, o tradutor de A *Divina Comédia* na edição aqui citada, para praticarem o seguinte jogo: qual repentistas metropolitanos, um deles dizia de memória alguma passagem de Dante, para o outro, também de cor, prossegui-la.

O poeta de *A Divina Comédia* já estava presente na obra de Piva dos anos de 1960: em *Piazzas*, "Dante & Beatriz com suas novas faces poderiam vir até mim agora"[65]. Curiosamente, seria trazido por ele a livros meus: no prefácio para *Anotações para um Apocalipse*, de 1964, refere-se a conversas "em bares da Lapa & Brás onde il pericoloso Dante costumava aparecer"[66]; pouco depois, acho que em 1965, pusemo-nos a bater nas teclas de uma máquina de escrever, resultando em algo que publiquei em *Dias Circulares* como "Poema Automático — em parceria com Roberto Piva", onde

65 PIVA, 2005, p. 77.
66 WILLER, Claudio, *Anotações para um Apocalipse*, São Paulo: Massao Ohno, 1964, p. 8, ou WILLER, Claudio, *Dias circulares*, São Paulo: Massao Ohno, 1976, p. 76.

é dele este trecho: "IIGOj ffk COMO o conde ugolino você poderá despedir sua fome de salicílico"[67] — lembrando que o Conde Ugolino é o canibal do Canto XXXII do Inferno[68]: preso em uma torre, devorou seus próprios filhos antes de morrer de fome.

Dante reaparece em sua poesia, após *20 poemas com brócoli*. No livro seguinte, o frenético *Quizumba,* de 1883, um dos títulos é "Jorge de Lima + William Blake + Tom Jobim. Dante observa"[69] — metalinguagem, alusão á intertextualidade e referências cruzadas em sua própria poesia (conforme havia observado no posfácio de Piva 2005). Esse poema começa citando um trecho cifrado de *A Divina Comédia*, "Papè Satan, papè Satan aleppe", da cena do encontro com Satã — na interpretação de Piva (foi o que ele me disse), Dante, monarquista e anti-papista no confronto de guelfos e gibelinos, comparava o Papa a Satã.

Em *Ciclones*, de 1997, avançaria em sua interpretação de Dante como poeta exilado e andarilho, qual beatnik precursor, especialmente em dois poemas. Em um deles, é um marginal:

---

67 WILLER, 1976, p. 62.
68 DANTE, p. 211.
69 PIVA, 2006, p. 132.

Dante
conhecia a gíria
da Malavita
senão
como poderia escrever
sobre Vanni Fucci?
Quando nossos
poetas
vão cair na vida?
Deixar de ser broxas
para serem bruxos?[70]

No outro, utilizando informação histórica, apresenta-o como esoterista, um mago:

Dante foi bruxo da família Visconti
Seus dedos criaram fórmulas, venenos & purgatórios
sem coração
No mês 9 no dia 9 na hora 9
ficou 9 dias com febre
Todas as novidades estão no Inferno[71]

A propósito do final desse poema de *Ciclones*, cabe lembrar que, na *Divina Comédia* de Dante, os

70 PIVA, 2008, p. 43.
71 PIVA, 2008, p. 97.

condenados ao inferno são videntes: nada sabem do presente, mas enxergam o futuro: as "novidades". Essa característica possibilita — e consolida — a conexão da vidência como desregramento em Rimbaud e sua vista ao inferno.

Esse modo de apresentar Dante ilustra sua representação da Idade Média, bem distinta daquela dos conservadores, os integristas católicos e tradicionalistas como T. S. Eliot, que a vêem como sociedade harmônica. Ao citar rebeldes que foram personagens históricos, retrata, não a sociedade supostamente ordenada, teocêntrica, regida pela fé, porém aquela das rebeliões de toda ordem, das modalidades de misticismo dissidente, heresias, revoltas religiosas e violentas perseguições: uma era caótica. Tal visão da Idade Média permite esclarecer seu monarquismo, ou antes o anarco-monarquismo e o culto às revoltas aristocráticas que adotou a partir da década de 1980 — após, durante a vigência do regime militar, proclamar-se insistentemente marxista, chegando a abrir apresentações públicas em meados da década de 1970 com a seguinte declaração: "eu sou comunista". Ocorre que na Idade Média, no tempo de Dante, ao qual se transportava, a posição politicamente progressista seria aquela dos monarquistas; dos gibelinos, que enfrentavam o absolutismo papal, sustentado pelos guelfos (embora, historicamente, Dante fosse guelfo, porém de uma dissidência por sua vez anti-papista). Mencionou em *Estranhos sinais de Saturno* um antepassado, "Girolamo Piva, cavalier ghibellino"[72], possível antropófago ("teria comido carne humana?") ao combater na sangrenta batalha de Campaldino, a 11 de junho de 1289.

Ciclones e *Estranhos sinais de Saturno*, seus livros derradeiros, são celebrações da natureza, em contraste com a megalópole; de modo consistente, proclamações de um neopaganismo. Conforme já observado em inúmeras ocasiões, inclusive nas dissertações recentes sobre Piva, é poesia xamânica em sua plenitude, com amplo conhecimento do tema. Toca em uma essência ou fundamento da criação poética, segundo Octavio Paz em *O arco e a lira*: "A operação poética não é diversa do conjuro, do feitiço e de outros procedimentos da magia."[73]

A delimitação aqui proposta da categoria "poetas malditos" não vem, portanto, apenas para responder a dúvidas sobre sua existência ou pertinência hoje: tomando Piva como o poeta contemporâneo que foi, a resposta é necessariamente afirmativa. Pretende-se

---

72 PIVA, 2008, p. 136.
73 PAZ, Octavio. *Signos em Rotação*, tradução de Sebastião Uchoa Leite, São Paulo: Perspectiva, 1972.

mostrar que a maldição ou condição de maldito toca em fundamentos da própria criação poética; em sua essência. Por isso, é tão lembrado e invocado um poeta por antonomásia, arquetípico, como Dante Alighieri.

Deixaria de fazer sentido aquela moldura teológica, cristã, na qual estava situada a temática do poeta maldito, como visitante do inferno e interlocutor do diabo? Penso que não — que é ampliada; e seus fundamentos são recuperados através da substituição da descida ao inferno pela iniciação, tribal ou esotérica. Tal ampliação é sincretismo. Piva cria o "Clube do fogo do inferno: Alquimistas Xamãs/ Beatniks." Os integrantes da linhagem herética são magos como Paracelso e Julius Evola, e poetas como Nerval, Rimbaud, Malcolm de Chazal, Blake, René Crevel. Cita-os lado a lado, em um sincretismo pessoal: "Nerval Pessoa & os templários Lao Tsé".[74]

O caráter simultaneamente regressivo e inovador da poesia de Piva, acentuado pela adoção do xamanismo e o modo consistente como encarnou o poeta maldito, lembra um artigo de Octavio Paz, "Revolta, Revolução e Rebelião". Termina com observações sobre a mudança de significado desses termos na modernidade:

74 PIVA, 2008, p. 104.

[...] a palavra guerreira, rebelião, absorve os antigos significados de revolta e revolução. Como a primeira, é protesto espontâneo frente ao poder; como a segunda, encarna o tempo cíclico que põe acima o que estava abaixo, em um girar sem fim. O rebelde, anjo caído ou titã em desgraça, é o eterno inconformado. Sua ação não se inscreve no tempo retilíneo da história, domínio do revolucionário ou do reformista, mas no tempo circular do mito: Júpiter será destronado, Quetzacoatl voltará, Luzbel regressará ao céu. Durante todo o século XIX o rebelde vive à margem. Os revolucionários e os reformistas o vêem com a mesma desconfiança com que Platão vira o poeta e pela mesma razão: o rebelde prolonga os prestígios nefastos do mito.[75]

Prolongar ou restaurar "os prestígios nefastos do mito": haveria caracterização mais clara do que, no âmbito da poesia, Blake, Nerval, Baudelaire, Rimbaud, e mais recentemente Piva, intentaram?

75 PAZ, 1972, p. 265